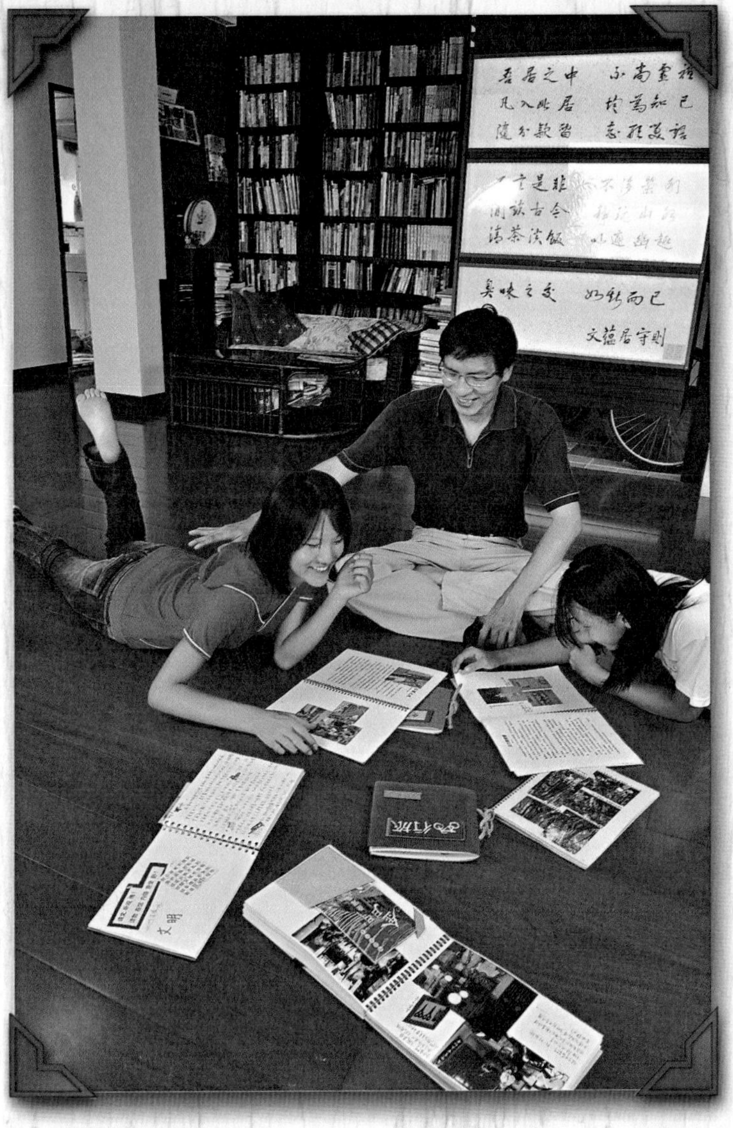

教養不限於教室，也不限於書本，在真實的生活情境裡，父母可以事先設計與安排適當的情境或環境，然後引導孩子在其中自由自在地發展。

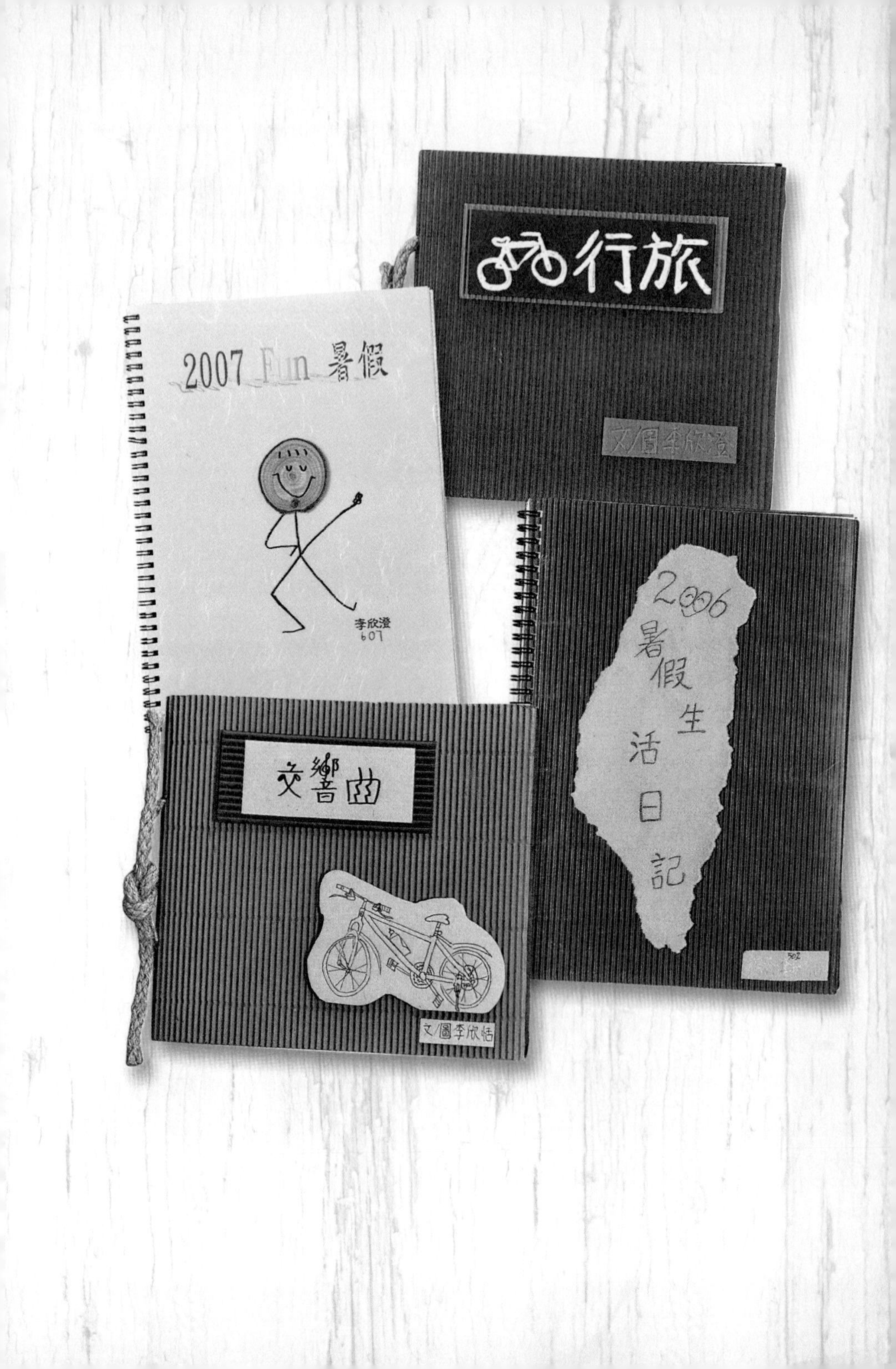

行旅
文/圖李欣澄
2007 Fun 暑假
李欣澄
607
2006
暑假生活日記
502
交響曲
文/圖李欣恬

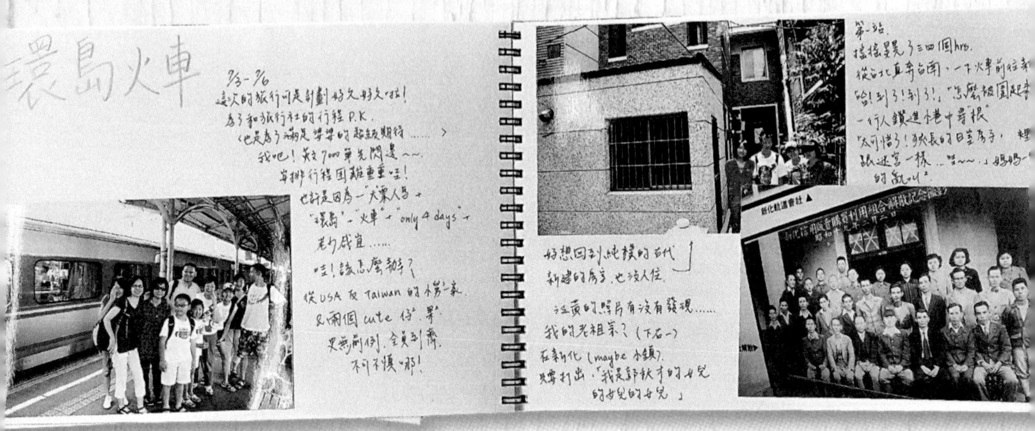

在我們的鼓勵下，每年的寒暑假，雙胞胎女兒 AB 寶都會把到哪裡玩、旅遊的紀念品或所拍攝的相片，整理成圖文並茂的生活紀錄本，從封面（右頁）到內容無不用心製作，上圖為環島之旅和金門之行的紀錄。

請見〈陪孩子安排寒假生活計劃〉

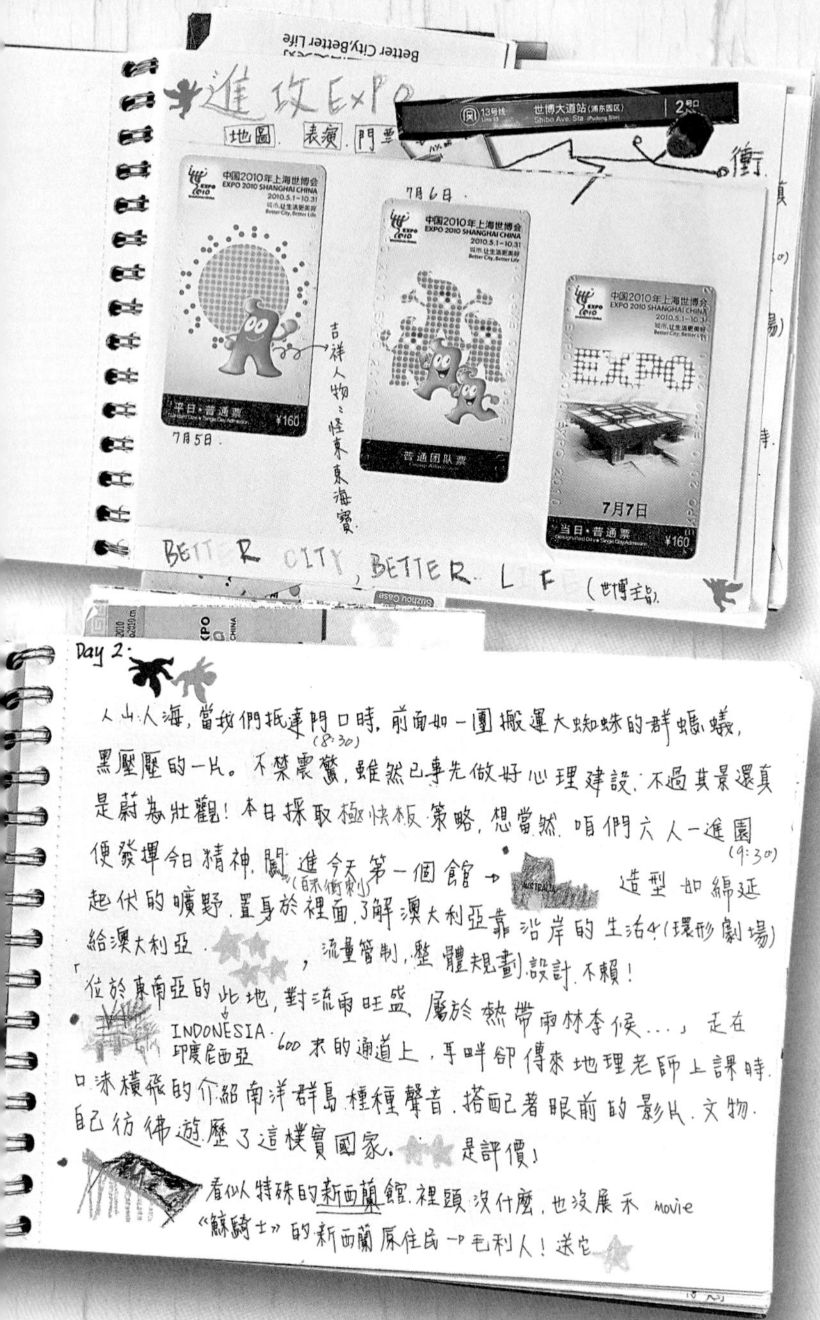
進攻EXPO
地圖 表演 門票
衝
7月5日
7月6日
吉祥人物：怪東東海寶
BETTER CITY, BETTER LIFE（世博主旨）
Day 2:
人山人海，當我們抵達門口時（8:30），前面如一團搬運大蜘蛛的群螞蟻，
黑壓壓的一片。不禁震驚，雖然已事先做好心理建設，不過其景還真
是蔚為壯觀！本日採取極快板策略，想當然，咱們六人一進園
便發揮今日精神，闖進（百米衝刺）今天第一個館 → （9:30）造型如綿延
起伏的曠野，置身於裡面了解澳大利亞靠沿岸的生活4（環形劇場）
給澳大利亞，流量管制，整體規劃設計，不賴！
「位於東南亞的此地，對流雨旺盛，屬於熱帶雨林季候……」走在
INDONESIA 印度尼西亞 600米的通道上，耳畔卻傳來地理老師上課時
口沫橫飛的介紹南洋群島種種聲音，搭配著眼前的影片、文物，
自己彷彿遊歷了這樸實國家。是評價！
看似特殊的新西蘭館，裡頭沒什麼，也沒展示 movie
《鯨騎士》的新西蘭原住民 → 毛利人！送它

Trip Day×5.
2010.07/04
上海世博
EXPO
请文明观博！
请勿在馆内随意坐卧！
他們這樣說
文明
耐心等候不插队
爱护展品不乱碰
垃圾分类不乱扔
控烟区域不吸烟
领取赠品不争抢
言语文明不喧哗

二〇一〇年暑假陪國二的 AB 寶去參觀上海的世界博覽會，讓她們親臨現場，感受人類最天馬行空的想像力以及創意無限的設計，除了訓練孩子獨立探索的能力，開展了孩子的世界觀，也寫下滿滿的生活紀錄。

請見〈上海世博讓孩子看見世界〉

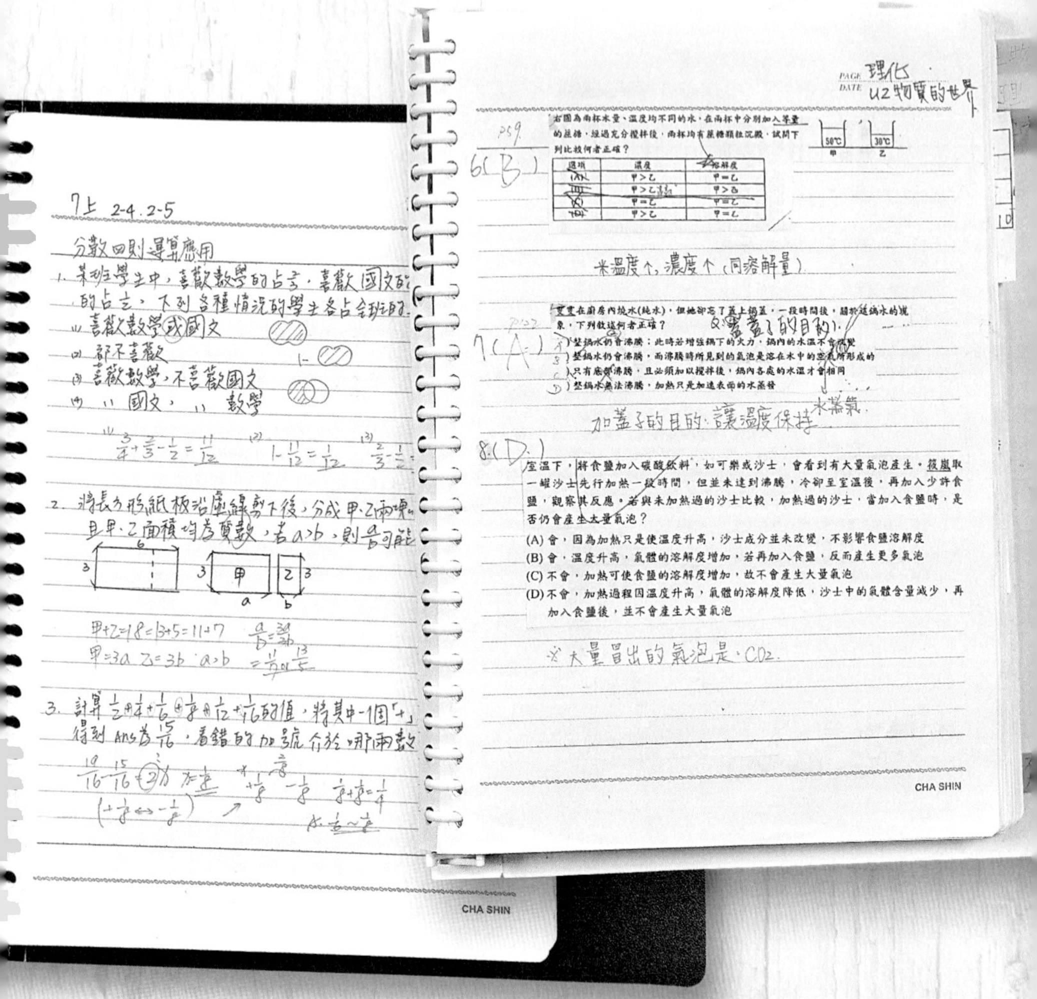

從有考試開始，我就要孩子分門別類地準備「錯誤本」，要求她們把考試寫錯的題目抄下來，想辦法搞懂。從右至左頁的錯誤本依序為：理化、數學、國文、生物。

請見〈錯誤是學習的訣竅〉

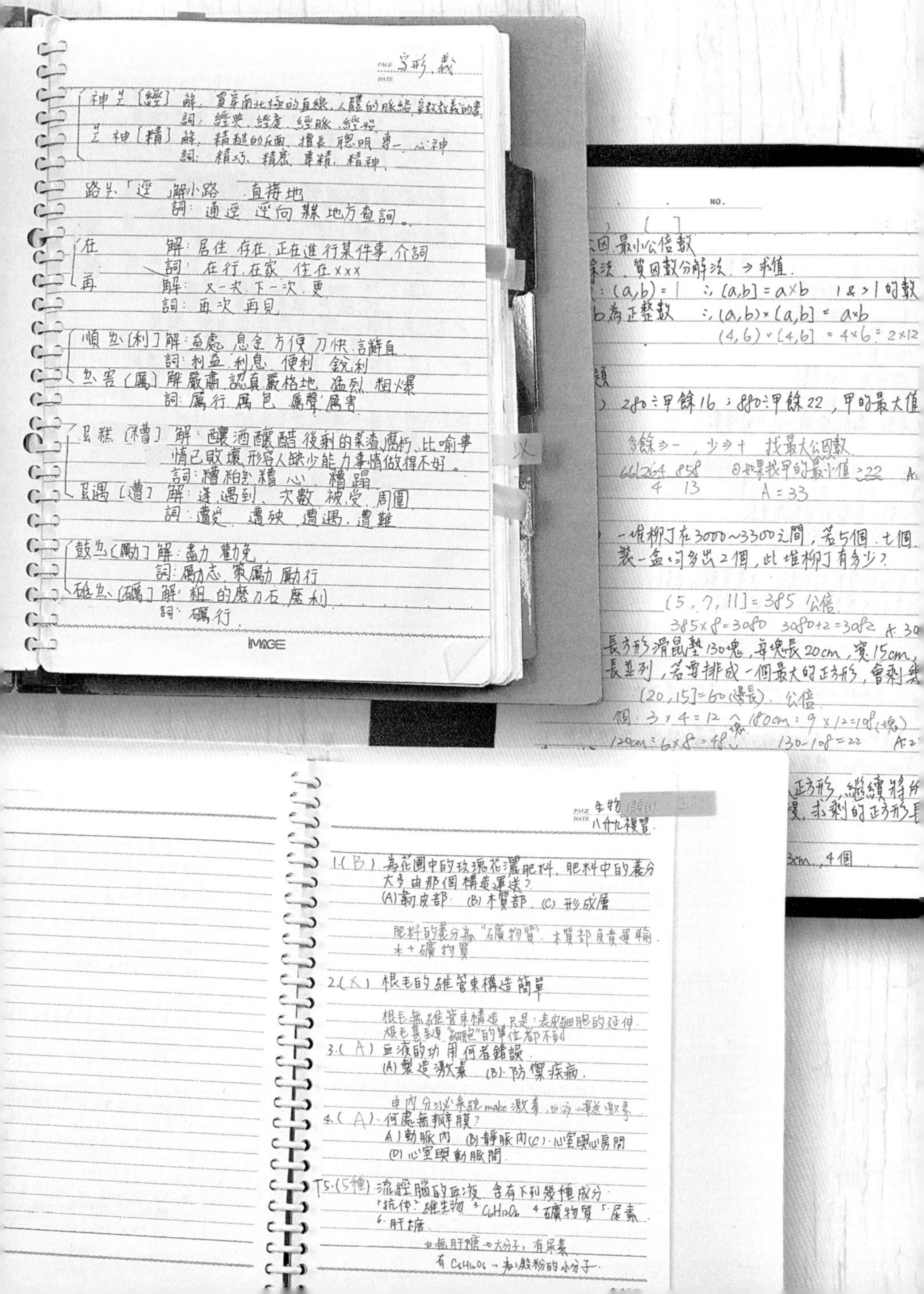

NO.
最小公倍數
除法、質因數分解法 → 求值
(4,6)×[4,6] = 4×6 = 2×12
280÷甲餘16；880÷甲餘22，甲的最大值
多餘 ⇒ －　少 ⇒ ＋　找最大公因數
A = 33
一堆柳丁在3000~3300之間，若5個、7個、
裝一盒均多出2個，此堆柳丁有多少？
[5, 7, 11] = 385 公倍
385×8 = 3080　3080+2 = 3082
長方形滑鼠墊130塊，每塊長20cm，寬15cm，
[20, 15] = 60 (邊長) 公倍
130−108 = 22
路ㄐ「逕」解：小路、直接地
詞：通逕、逕向某地方查詢。
在　解：居住、存在、正在進行某件事、介詞
詞：在行、在家、住在xxx
再　解：又一次、下一次、更
詞：再次、再見
順ㄌ[利]解：益處、息金、方便、刀快、言辭自
詞：利益、利息、便利、銳利
ㄌ害[厲]解：嚴肅、認真、嚴格地、猛烈、粗爆
詞：厲行、厲色、厲聲、厲害
鼓ㄌ[勵]解：盡力、勸免
詞：勵志、策勵、勵行
IMAGE
生物(題目)
1.(B) 為花園中的玫瑰花灑肥料，肥料中的養分大多由那個構造運送？
(A)韌皮部 (B)木質部 (C)形成層
2.(A) 根毛的維管束構造簡單
3.(A) 血液的功用何者錯誤
(A)製造激素 (B)防禦疾病
4.(A) 何處無瓣膜？
(A)動脈內 (B)靜脈內 (C)心室與心房間
(D)心室與動脈間

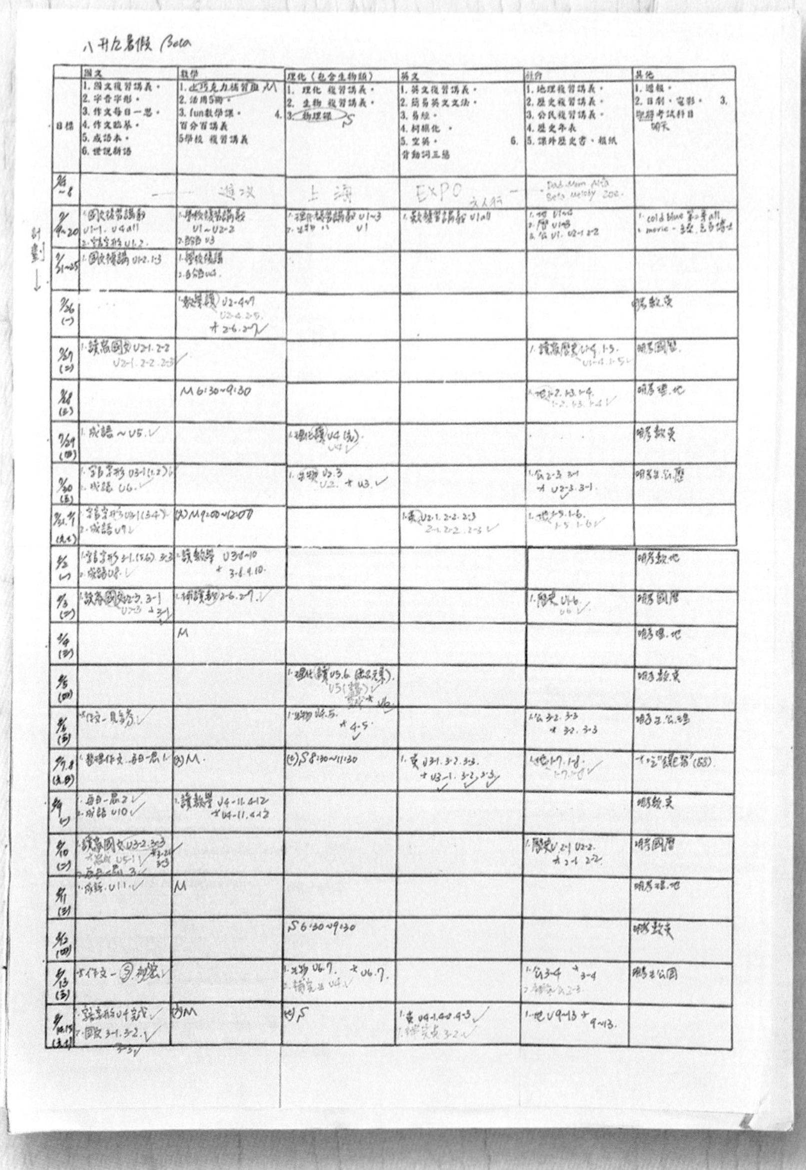

製作計劃表其實很簡單，只要利用電腦列印出許多張 A4 表格，貼在海報紙上，把未來假期的每一天、每個可以安排的時刻，清清楚楚地攤在自己面前，除了填上預定的活動外，每一天真正做了什麼事，到哪裡去，都要登錄在上面。

請見〈計劃、記錄與自主學習〉

看著孩子一天天成長，從一隻手可以同時抱住她們倆，另一隻手拿奶瓶餵奶，到今天她們已長得比媽媽還高。如何把握有限的親子共處時刻，留下快樂溫暖的回憶，還能給她們一輩子受用無窮的禮物，是身為父母最甜蜜的負荷。

孩子上小學後，我們家就搬到城市與自然荒野交界的社區裡居住。閒暇時，與孩子坐在看得到滿眼翠綠的陽台聊天，或是一起到附近散步，是人生最大的享受。

要培養孩子的閱讀興趣，必須從結構與典範做起。所謂結構，就是在生活環境如家居布置中以書為主。比如我們家沒有電視或電視遊樂器等吸引孩子注意力的東西，只有整片書牆，到處都看得到書，自然養成孩子喜歡閱讀的習慣，只要做完功課就會找書來看。

請見〈閱讀是終身學習的基礎〉

教養，無所不在

李偉文 著

第二步 扎根

培養孩子的自律與常規

第三步　澆灌

打造適合孩子的學習環境

第四步　展翅

建立孩子面對未來的能力

自序

因為不在，所以無所不在

陪伴孩子這十多年裡，我覺得身為父母最困難的挑戰，就是必須不斷地調整與孩子的互動模式，一、兩年對大人來說，真是一轉眼的事；可是對於不斷成長的孩子而言，卻有了非常大的變化，有時候以前有用的方法，也許很快就沒有用了，甚至還會適得其反。

而且父母常常會忘記，這個社會不斷在改變，我們年輕時候學得的經驗，對於現代的孩子早已失效，因此父母不但要隨著孩子的成長調整自己的步伐，更必須不斷地從時代變遷中謙虛地學習；更麻煩的是，教養沒有標準答案，別人有用的方法，用在自己孩子身上可能完全沒有效果，教養孩子似乎困難重重。即便如此，我們還是必須找到並且選擇與孩子共同成長的方式，而且清楚每個選擇的結果。

看著孩子一天天成長，從一隻手可以同時抱住她們倆，另一隻手拿奶瓶餵奶，到今天她們已長得比媽媽還高。在甜蜜的幸福感背後，卻時時刻刻都有美好時光即將消失的惆悵。

我知道，與孩子相處的每個剎那都是獨一無二，永不再現的；我也知道，孩子很快就會長大、獨立，開展她們自己的人生，不能再膩在我們身邊。因此，如何把握這非常有限的親子共處時刻，除了讓她們留下快樂溫暖的回憶之外，還能給她們一輩子受用無窮的禮物——包括好的習慣、足夠的能力，以及寬闊的胸襟與願意助人的柔軟心。

我是個貪心的人，我相信孩子可以快快樂樂，對生活充滿熱情，同時也能夠有紀律且主動地學習，擁有許多能力與技術。我也相信不必對孩子大小聲，不必整天盯著她們命令東命令西，更不該用各種規定與不准來限制她們。因為我知道，「情境」決定了人的行為；換句話說，我們只要準備好適當的環境，或是鋪陳出恰當的氛圍，孩子就會朝著我們「設計」的方向前去。不過，這種「設計」必須是不露痕跡的，不能讓孩子察覺到我們「在」做什麼，這有點像老子的「無為而治」。其實，「無為」的真義是「無所不為」，也就是做到無所不為，表面上才可以「無為」。

這個生命中最重要的體會，來自於我小時候參加童軍團時，聽到流傳的一句話：「最好的團長是坐在搖椅上的團長。」為什麼坐在搖椅上似乎沒事做的團長會比那些整天忙著教學生打繩結、搭工程的團長好呢？因為團長只要把整團的環境氛圍弄好，大孩子會教小孩子，人人「憑我的榮譽」自我要求，自我學習，那麼團長只要坐在搖椅上鼓掌就可以了，如此，不僅大人輕鬆愉快，孩子也能積極主動又有成就感。

童軍運動也教會我凡事必須是肯定的，非否定的，是主動的，而非被動的。比如，童軍的規律是以「我是誠實受人信賴的」，取代「我不說謊」；用「我愛清潔」取代「我不亂丟垃圾」。

我認為教養孩子最高的目標應該是——孩子以為他是自由自在，海闊天空任翱翔的；可是不管他怎麼選擇，都逃不出我們如來佛的手掌心——要做到這種彷彿不在，就必須無所不在。同時，為了今後孩子勢必不在我們身邊，從今天起，我們就得開始修練「無所不在」的心法。

這本《教養，無所不在》，就是這十多年來我的練功心得，不敢說是「祕笈」，也許只是野人獻曝。不過多年來我從事環境運動，始終秉持一個信念：「人不可能自外於環境，人也不可能獨善其身。」因此，衷心盼望我從孩子身上學到的這些心得，能夠分享給大家；同時希望臺灣的孩子們能滿懷熱情地面對未來世界的挑戰，進而塑造出一個更美好的世界。

二〇一一年八月

第一步 播種

陪伴孩子安排生活計劃與自主學習

UNISTAR

陪孩子安排寒假生活計劃

利用假期培養孩子安排生活計劃的能力，是訓練孩子主動與自律學習能力很好的機會。

學校才剛考完期末考，就讀國二的雙胞胎女兒已開始計劃長長的寒假加春節要如何安排。

從她們讀小學四年級開始，我們就開始陪著她們做寒暑假的生活計劃與紀錄。首先找一張比較厚的全開海報紙，再教她們用電腦繪圖，列印出許多張A4的表格，然後貼在海報紙上，把未來假期的每一天、每個可以安排的時刻，清清楚楚地攤在自己面前，除了填上預定的活動外，每一天真正做了什麼事，到哪裡去，都要登錄在上面。

記錄幾次之後，她們開始覺得這個方法很好，現在遇到短假期或週休二日時，也會主動列表做計劃。其實早在她們剛上小學時，每年的寒暑假作業，我們就鼓勵她們把到哪裡玩，以及收集旅遊的紀念品或所拍攝的相片，整理成圖文並茂的作業；等她們長大一些，連假期中閱讀過的課外書或看電影的心得也一併整理進去。

我相信孩子對於製作這種比日記還生動有趣的實況紀錄會感到很有成就感，這些紀錄甚至具有實用價值，好幾次我都發現她們會去翻看前些年整理的寒暑假生活紀錄。

二〇一〇年因為寒假與春節合在一起，假期很長，若沒有事先規劃，恐怕也是一轉眼就過去了。平常沒有機會與孩子出門旅行的家長，千萬不要錯過這個假期；時間過得很快，孩子轉眼就會長大，往後不見得有很多全家出遊的機會，如何留下與孩子共同成長的溫暖回憶，這比任何補習與成績來得更為重要。

不過，我們家非常害怕到人太多的地方，更不願意到著名的旅遊景點因塞車而破壞了興致，因此，寧可請年休假來避開人潮。至於春節假期，我們不出遠門，反而留在已成空城的都市裡，安排不一樣的探索。比如很有系統地把流經都市的河流好好走一遍，觀察有多少老街附近是古代的河岸港口；或是安排將都市附近的山陵步道全都走一次，或是把城市裡的所有博物館、美術館完整地玩一遍……經過如此有計劃、有系統的安排，有趣之餘，也可以讓假期留下特別的印象與記憶。利用假期培養孩子安排計劃的能力，是訓練孩子主動與自律學習能力很好的機會。

面對愈來愈複雜、知識產生的數量早已超乎想像的快速變動時代，孩子必須擁有的能力，不只是既有知識的學習，而是能否有主動學習的積極態度與能力。孩子是否能主動學習，自律的習慣是非常重要的基礎，讓孩子擁有學習的主控權，他們才會產生自發性的學習，不必再假手外在的督促。

若是家長把孩子的所有時間都安排得滿滿的，不是補習、上才藝班，就是請家教，再不然就是送去參加某某營隊。以短期來看，孩子的確可以學習到許多技能或知識，即所謂「十八般武藝樣樣精通」；以長期來看，一切的學習假如都來自於家長的壓力，孩子很可能會喪失積極主動的態度和安排自己生活的能力，以致於失去面對自己生命意義與價值的追求動力。

很多父母知道這個道理，卻還是不放心讓孩子自己安排，認為他們會浪費時間，甚至染上不好的習慣。這種顧慮的確是存在的，因此，家長事先要多花一點心思（或者心機）。

比如，知道某個活動或營隊很棒，孩子參加後一定可以學到很多東西，擴展生命的視野，但若是由家長直接出面說服孩子，搞不好會惹來孩子的抱怨：「又把我的時間排得滿滿的！」孩子想利用好不容易的長假玩電腦、線上遊戲或跟朋友逛街、打球……當然不想去「學」些什麼，這時該怎麼辦呢？

我建議家長可以早在營隊舉辦的前幾個月，偷偷探詢有哪些朋友的孩子參加過哪些活動，在平常假期就帶孩子到朋友家玩，或是邀請他們的孩子到家裡玩，經由參加過的孩子的分享（或者炫耀），刺激自己孩子的參加念頭

（同儕的影響力比家長大得多了）；當孩子反過來拜託我們讓他們參加時，再假裝「勉為其難」地答應。

其實，不管孩子是被父母逼迫或是主動想參加，同樣都可以學到東西；但後者除了可以養成孩子的主動精神外，當他們能夠自主安排時間，而且真正學到自信與自我評價的肯定時，那將是最棒的體驗。

過年前是許多家長最忙碌的時候，千萬不要讓孩子無所事事地留在家裡，很多孩子沉迷於線上遊戲而不可自拔，形成未來學習歷程極大的障礙與困境，往往就來自於寒暑假這樣的長假。唯一的預防之道，就是請家長陪伴孩子安排一個豐富有趣且引人入勝的假期吧！

讓孩子有個難忘的寒暑假

安排「家庭接待，輪流照顧」的假期，可以接觸到不同家長的興趣與專業，也可以看看別人的生活習慣與教養方式。

長長的連續假期如果過得像平常的週末假日一樣，是非常可惜的，尤其在沒有升學壓力，功課也不多的小學階段，即使再忙碌，父母都千萬不要浪費次數並不太多的寒暑假，好好地安排或陪伴孩子。

記得小時候，我的暑假就像是電影《冬冬的假期》或《小畢的故事》裡的情節一般，漫長得似乎無止無境，但也就在無所事事、緩慢的步調中，一個假期的經歷卻可以使人成熟不少。這種與平常日子不同，長長的空白與緩慢的悠遠感，不管對孩子或大人都是重要的。轉念一想，忽然發現，現在的學生早已沒有寒暑假。

當學期才結束，孩子馬上就被送進安親班上課，同樣是一早送去，晚上接回，同樣是上課和被關在室內，日子過得既規律又乏味。尤其在國中的升學壓力下，許多學生的寒暑假都在上課。有個很出名的英文補習班，曾經開了春節的集訓班，從年初一上到年初五，每天從上午八點上課到晚上九點，據說報名情況非常踴躍，簡直塞爆補習班。聽到這則新聞，我只能說：「可憐的國中生！」我始終覺得，空白的日子是重要的。當我們把孩子的時間安排得滿滿時，又哪來讓孩子養成自主學習的機會呢？

不過，對於夫妻都在上班的小家庭而言，要安排暑假六十天的空檔，的確要花點功夫。

我的建議是，可以找幾個年齡與自己孩子接近的家庭，或許是親戚，或許是好朋友、社團夥伴，或者是孩子的同學，只要找到三、四個家庭輪流負責照顧，就可以讓孩子住到不同的家庭，體會不同的生活型態。這些應援團的家庭中，若有住在鄉下、山裡或海邊的長輩更好，一定可以帶給孩子很不一樣的假期。

由於每個家庭只負責照顧三至五天，父母可以享受半個月沒有孩子在身邊的「單身」生活，孩子也可以建立自己的童年玩伴及體驗不同的假期。

這種輪流接待，不需要花額外的費用。若是家裡沒有多餘的房間，在地上鋪一下床墊（像傳統的日本住家一樣），讓孩子們一起擠著睡會更新鮮好玩；或是在客廳搭個蒙古包帳棚，孩子更會興奮得不得了。

假使家長的朋友都住在都市裡，也沒有住在鄉下的長輩可以支援，還是可以玩出不同的花樣。比如，某個家庭的附近有游泳池，住那裡的幾天就是「游泳特訓班」；若是某個朋友對電影特別有心得，就可以發揮所長，安排令人印象深刻的電影超級饗宴……總之，善加利用每個家庭的資源、專長或興趣，花最少的成本，就可以擴展孩子的視野。

安排這種「家庭接待，輪流照顧」的假期，可以接觸到不同家長的興趣與專業，也可以看看別人的生活習慣與教養方式。

當孩子們回家後，更別忘了讓他們說說心得，趁機與孩子討論關於家裡的教養方式，有沒有想要改變的地方，讓他們有空間選擇自己喜歡的生活方式。在這段過程中，除了讓孩子有獨立判斷與思考的機會外，也順便讓他們決定在自由選擇下的紀律規範。

計劃、記錄與自主學習

讓孩子從記錄中找到成就感，是自律學習中監控自己學習歷程非常好的練習。

自從寫了〈陪孩子安排寒假生活計劃〉的文章後，除了有人寄電子郵件詢問該如何做計劃表，也有幾位好朋友帶著孩子到家裡來取經。

製作全開海報紙大的計劃表其實很簡單，做法如下：

左側列出整個假期的日期，上側則依每個階段不同的生活重點來分類畫格子。比如，AB寶在二〇一一年就要考基測，學習重心自然逐漸偏向考試科目。所以上面欄位包含各種課程，以及其他如電影、日劇、小說、活動旅行……等這些項目。每天做了什麼，就在那個欄位的當日空格中記錄下來，整張表格一目瞭然。每次記錄時可以順便看到前一天或前些天究竟做些什麼，讀了哪些書或看了多少小說與電影。（表格請見三十八至三十九頁，可影印使用。）

我們經常會忽略「記錄」對於自己潛意識的激勵與督促作用，卻往往高估了計劃的效果，在各種企業管理的影響下，我們習慣以願景，以短、中、長程各種詳細的計劃要求自己。

依我個人的經驗，通常滿懷雄心壯志地把未來的一天、一週或一個月的詳細計劃訂出來後，不到兩、三天，逐漸達不到計劃的目標，過不久就會放棄整個計劃，內心不免產生挫折感，覺得自己很差勁。

經過一段時間，當我們再度被其他事情給刺激後，又會振奮起來，於是再次擬定計劃表；同樣的，計劃的執行紀律撐不了多久，又再一次地放棄了……

當這種經驗多了，孩子只會認定自己沒辦法安排自己的時間，接著放棄自主學習的嘗試，由家長或學校來安排進度，藉由外人的督促來過生活。

記錄與計劃的最大差別是沒有「價值判斷」，只是如實把今天所做的事情分門別類地記載下來，沒有達不達成目標的壓力，也沒有「真差勁」或「好棒喔，超前進度」的自我評價。但是當我們一次次逐項記下自己今天已做過的事情時，潛意識會讓我們在往後的每一次自由選擇裡，去做項目中有列出的事項，無形中也會讓我們更學會觀照時間的流逝。

而這些列出的項目，就是短、中期的目標，跟詳盡的計劃所列的項目大致一樣，只是不必「強迫」自己要在哪一天完成某個項目多少的進度，在記錄過程中，心情是自由而沒有壓力的。

我從高中時發現「計劃」與「記錄」的差別，就開始做記錄到今天。記得大學時修心理學，曾在某個心理學家的論文中看到討論記錄功效的相關文章，大學畢業後想與學弟妹分享經驗，卻找不到這篇論文以資佐證，有點可惜。

這種依不同階段做不同分類的記錄，我仿照《史記》的體例，把它稱為

英文	社會	其他	
1 英文複習講義 2 簡易英文文法 3 易經 4 柯旗化 5 空英 6 背動詞三態	1 地理複習講義 2 歷史複習講義 3 公民複習講義 4 歷史年表 5 課外歷史書、報紙	1 週報 2 日劇、電影 3 即將考試科目	

科目	國文	數學	理化／生物
目標／日期	範例 1 國文複習講義 2 字音字形 3 作文每日一思 4 作文臨摹 5 成語本 6 世說新語	1 上巧克力補習班 2 活用5冊 3 fun數學課 4 百分百講義 5 學校 複習 講義	1 理化複習講義 2 生物複習講義 3 物理課
一			
二			
三			
四			
五			
六			
日			

「紀傳體」。相對於「紀傳體」，當然也有「編年體」（像是相片的整理，我就是依照這兩種模式），我會在每個階段（通常是以每個學期或寒暑假為階段區分）挑選一、兩個星期來記錄一份詳盡的編年體。簡單地說，就是鉅細靡遺地記下每天的流水帳，從幾點起床、幾點用餐、上廁所用了幾分鐘、無所事事東晃西晃花了幾分鐘……碼表放在口袋裡隨時記錄，詳細到以六分鐘（零點一小時）為記錄單位。

這樣的記錄當然很累，因此不需要記錄太多天，主要是檢視那一個階段自己的生活節奏、對時間的掌握與利用方式。

每隔幾個月玩一次這樣的「遊戲」，生活中即便不再戴手錶，自然有時間感，同時比較能時時刻刻「活在當下」，注視著自己的行為舉止與時間空間的關係。

不過，對於AB寶而言，目前我只讓她們試著在寒暑假做「紀傳體」的記錄，平常上課日還是依照學校的進度學習。

一般而言，自律學習指的是自己設定學習目標，找出可以達成目標的方法或策略，並且能監控自己的學習歷程，根據學習結果調整方法再繼續學習。讓孩子從記錄中找到成就感，我想是自律學習中監控自己學習歷程非常好的練習。

在生活中保留傳統習俗

父母應該用心營造屬於自己家庭的傳統習俗，
讓孩子在長大展翅飛向世界時，
仍有個可以回憶並當作心靈寄託的「故鄉」。

雖然二〇一〇年的寒假超長，但放假的日子還是轉眼即過，剛開學的AB寶已經考了好多個科目的測驗。不過，放學後她們姊妹倆還是興致勃勃地討論哪天要結伴去看花燈展覽。在以前的農業時代，要等到過了元宵節，年才算是真正過完；這幾年許多縣市都競相以元宵燈節做為吸引遊客的手段，儼然回應了千年前唐宋時代的燈會情景。不過相對於只能遠遠觀賞的巨型花燈，我還是比較喜歡小時候自己用紙糊的燈籠，以及提燈逛街的回憶。

我跟雙胞胎女兒提議說：「元宵節有個比看花燈還要好玩刺激的活動，就是臺南鹽水鎮的蜂炮。我讀大學時，曾約你媽媽一起去。我們穿上粗布衣褲、全罩式安全帽和圍巾，再戴上粗麻手套等全套裝備，整個晚上跟在神轎後面，接受來自四面八方射來的衝天炮攻擊，非常過癮！你們要不要去體驗一下？」

只見B寶吐吐舌頭：「我們還是待在家裡看紀錄片就好了！」

有許多年沒有再去鹽水看蜂炮了，不知道現在的規模是不是還像以前一樣？當年的震撼體驗至今依然印象深刻，我也非常疑惑這麼一個小小的鄉間小鎮，民眾哪來的財力能自發地營建炮城，施放那似乎無止無盡的蜂炮？

近幾年，託城市觀光競爭之賜吧，各縣市政府無不卯盡全力創造各式各樣的節慶活動，但我卻希望能為孩子在生活中保持傳統的生活習俗，讓她們在長大展翅飛向世界時，仍有個可以回憶並當作心靈寄託的「故鄉」，這個故鄉當然不只是住的房子、住的社區或住的城市，而是與童年生活結合在一起的種種文化與習俗。

過年假期大概是實踐傳統習俗的最好機會了。從除夕前幾天的假日開始，我們全家一定總動員做大掃除。A寶曾經問：「為什麼叫大掃除？跟平常的打掃有什麼不一樣？」我們就告訴她：「大掃除是把家裡所有可以移動的東西，都拿出來、搬開來擦洗一番，包括大型家具、櫃子裡的鍋碗瓢盆、酒杯、咖啡杯，書籍文件也要一本本、一件件地翻動檢查一次，也是順便清點整理家裡所有東西的意思吧！」

大掃除完就要準備年貨。小時候家家戶戶都自己磨米、蒸年糕的情景已不復存在，但我們會帶孩子到市場買鮮花、挑春聯、準備平常家裡所沒有的糖果糕點。除夕當天回老家吃團圓飯後，我們也開放這一天准許孩子不必準時上床，因為根據傳統，除夕要守歲，這樣可以替父母守長壽，同時祈求闔家平安。到了大年初一，清早起來向親戚朋友拜年，我們在她們上小學後，就會拿著朋友們的電話，要她們一個一個分別打去，向叔叔、伯伯、阿姨祝賀新年，並說些吉祥話。

自從她們出生之後，每年的大年初一，許多朋友都會到我家聚會，這已經成為朋友們的傳統了。他們從白天到半夜，隨時可以來，隨時可以走，反正熱著火鍋，有茶有酒，隨時有東西吃，大家可以自在地閒話家常，這也算是另一種新春團拜吧！

在這個愈來愈商業化的消費時代，社會結構及住家環境也隨之改變，若沒有特別注意，孩子每天過的日子將會一成不變。因此，父母應該要仔細思考，用心營造一些屬於自己家庭的傳統習俗，這些童年的溫馨回憶，會是陪伴孩子一輩子最珍貴的財富。

像山頂洞人般的女兒

只要架構好適當的環境，
引導孩子進入更豐富多彩的世界，
他們就不會沉迷於令人擔心的嗜好或遊戲中了。

參加完活動，回家路上與雙胞胎女兒隨意聊天，在狹窄的車內空間，或許是現代父母互動的大好時間了。

姊姊A寶透露，妹妹班上有些同學偷偷稱B寶是「山頂洞人」，因為她好像古代人，對於現今青少年流行的事物一概不懂，也沒興趣接觸。至於要「偷偷」的原因是B寶班上的同學都很尊敬她，甚至可說是「敬畏」，除了B

寶的學業成績始終是前兩名外，又年年代表學校參加臺北市的科學展覽比賽；她還是扯鈴校隊副隊長（隊長是A寶），賽跑也是全班最快，這學期體育成績還是滿分呢。B寶在班上雖然對同學都很友善、客氣，但從來不會跟大家聊些沒營養的話題瞎攪和。

「不過，前些天發生了一件糗事」，A寶繼續爆料：「妹妹班上的同學在討論對於偶像明星的喜好時，硬要問妹妹最討厭什麼樂團，B寶為了讓同學不要一直糾纏，就很快回答『ＳＨＥ』三個字，結果同學反而更好奇了，直逼問為什麼她會討厭ＳＨＥ？」

咦？這下子連我也好奇起來，到底為什麼會討厭這個偶像團體呢？這時候，只見B寶慢條斯理、不慍不火地回答：「因為這是我唯一知道的偶像名稱啊！」

笑得喘不過氣的A寶說，妹妹的同學都被她給打敗了！這時候我倒是想起小學三、四年級時，ＡＢ寶的老師曾經問大家最喜歡哪個明星，結果她們回答「翁倩玉」，把年輕的老師搞得一愣一愣地：「翁倩玉是誰啊？」

那時候，家裡正好放了幾部由翁倩玉主演的電影《愛的天地》、《真假千金》……等，明星裡面，翁倩玉是AB寶唯一叫得出名字的。幼稚園時，老師問AB寶假日最喜歡父母帶她們去哪裡玩，在不同班上，兩人的答案居然都一模一樣：「誠品書店。」

對於住在山上而且家裡沒有電視機，幾乎不逛街購物，與一些流行時髦的消費產品始終絕緣的我們家，有些朋友難免會問：「你們的孩子怎麼融入同學？會不會被孤立排擠？」

雖然沒有電視機，但從她們小學開始，我們每星期平均至少會看五部以上的電影或紀錄片，每次都是用單槍投影機打在牆壁上，全家專注地一起看；我們也費心塑造各種情境，讓她們養成喜歡閱讀的習慣，在家裡只要做完功課就會找書來看，出門時背包一定會準備小說，只要一有空檔就會拿出來看；同時她們也參加許多社團，大部分的假日都被有趣的戶外活動排得滿滿的，登山、溯溪、旅行、參觀，總是有太多精彩的活動等著她們了。

不過，有時候我也會擔心她們若完全不接觸流行文化似乎不太好，畢竟流行代表某個時代的共同記憶、共同語言。可是當我要她們看《哈利波特》時，她們卻嫌「假的，沒意思，浪費時間」，寧可看紀錄片；帶她們上夜市，走沒多久，她們就嫌「人太多，空氣太糟，頭昏」，直說要回家。

對於朋友的擔心，這些年我仔細觀察她們的人際關係，也曾直接問：「你們跟許多同學的生活習慣不一樣，會不會覺得怪怪的？」

她們自己認為完全沒有問題，雖然班上大部分的人都在談論偶像明星，還是有同學喜歡看書，可以與她們交換心得。同時她們在社團裡認識了許多志同道合、談得來的好朋友，所以從來沒有能不能融入的問題。

更有趣的是，她們覺得同學聊的談的，根本是浪費時間，因為有這麼多好看的課外書、可以參加的活動、可以旅行的地方，有廣大的世界要去探索，根本沒有空和同學哈啦那些沒有營養的事情。

看著她們相當不以為然地回應我的問題，我相信大部分的孩子應該也是如此，只要我們架構好適當的環境，引導孩子進入更豐富多彩的世界，他們就不會沉迷於令人擔心的嗜好或遊戲中了。

補修流行次文化的學分

每個人的興趣與喜好沒有高低貴賤之分，也不需有品味好或壞的價值判斷，尊重多元文化，甚至欣賞彼此的差異前，互相瞭解的意願與努力或許是基本前提。

B寶被班上同學開玩笑地稱為「山頂洞人」，原因一方面是說我們住在山上，另一方面則是B寶常對同學的起鬨打鬧表現得如老僧入定般不太理會；我發現，或許是我們的疏忽，讓孩子對現今的青少年次文化接觸得太少了。

這十幾年，住山上非常安靜，我們改掉了聽收音機或聽音樂當作家居背景的習慣，除非是特地用影碟投影機播放，全家一起專注地看。年輕時的我除了跟著大家聽民歌、唱民歌，也會跟著當時流行的西洋歌曲排行榜哼哼唱唱，當時比較喜歡抒情、節奏比較慢的曲風。這些年比較常聽的是古典樂或歌劇，成長中的孩子跟著我們一起看歌劇、聽古典樂，對近年的流行歌曲自然接觸不多。

反省到自己的疏忽，我打算利用寒假來讓孩子補修好這個學分，雖然我認為每個人不同的興趣與喜好沒有高低貴賤之分，也不需有品味好或壞的價值判斷，但是當我們談到尊重多元文化，甚至欣賞彼此的差異前，互相瞭解的意願與努力或許是基本的前提。

我除了帶她們到東區看街頭藝人的表演外，也帶她們到西門町、板橋火車站看青少年的街舞表演，還租了許多國內流行樂團演唱會的影片來看。

剛好《天下》雜誌的教育特刊（二〇〇九年十一月）談「生命教育」，其中介紹了「五月天」樂團，這五個高中時期就在一起玩音樂的大男生，現在屢屢打破演唱會的票房紀錄，也曾遇過演唱現場只有一個人在聽的悽慘狀況。孩子看到五月天當年為了堅持理想而受到社會壓力，以及他們之間怎麼互相勉勵、互相打氣，都深受感動。當AB寶對這個樂團的故事有興趣後，很快就接受她們很少聽的搖滾樂與搖滾樂團。

我也從網路上收集周杰倫成功之前的努力，以及他孝順母親的感人故事，再看他自導自演的電影《不能說的祕密》。孩子對於影片中「飆鋼琴」的炫技佩服得五體投地，之後對周董那些聽不太清楚咬字的歌曲，她們似乎也可以接受了。

我還找了一些平常不太會挑來看的電影，比如周星馳的無厘頭打鬧片，從《功夫》、《少林足球》到《食神》，除了可以窺見時下青少年流行的「火星文」源頭之外（比如電影裡的一句對白：「你快點回火星吧，地球是很危險的！」）在周星馳式的惡搞中，我感受到其中帶有相當的悲憫與關懷，也發現他的電影多是以市井小人物為主角，表達對社會的痛苦與嘲諷；而這些平凡市民在生活中總是抱持著夢想，力爭上游，並且在困苦的環境中能自我超越或昇華。甚至在胡鬧惡搞、亂七八糟看似無厘頭的劇情中，總會隱隱約約地摻著幾滴屬於周星馳的淚水，就像他的眼神，總是幽深與悲傷的。

除了這些影片與流行歌曲之外，我還希望她們能看些漫畫、武俠小說與偵探推理小說。看武俠小說沒有問題，她們很喜歡金庸，已經讀完很多部；但漫畫就不行了，她們居然說看不懂、看不習慣，因為裡面人物的對白東跳西跳，她們只看一、二冊就不太願意繼續看下去，看來我還得再想些更有用的辦法來吸引她們了！

誰偷看了我的信？

民主社會裡有很多權利與價值選擇，彼此之間或許有衝突，在輕重緩急下，必須要有取捨，沒有放諸四海不變的標準答案；因此要常常抱著開放的心胸去思考與討論各種社會現象。

清明假期全家到金山掃墓，讀中學的雙胞胎女兒ＡＢ寶，遇見了她們讀小學時認識的朋友。只見那個女生氣嘟嘟的，好像正在跟家人吵架，Ａ寶過去跟她在旁邊講了一些悄悄話。

回家途中，我有點好奇地問Ａ寶：「你的同學怎麼回事？跟媽媽吵架了？」Ａ寶回答說：「她正在怪她媽媽怎麼可以進她的電腦偷看她寫給朋友的信。奇怪了，信件給媽媽看有什麼關係？她真是個怪人！」

我聽了哈哈大笑：「你說人家怪，跟你朋友比起來，恐怕你才是怪胎吧？一般來說，到了你們這個年齡，開始會注意自己的隱私權，很多自己的事情是不會想讓家人知道的。」

我想，在這個時代，像ＡＢ寶這樣的孩子大概不太多了，每天放學回家就嘰嘰喳喳地把在學校發生的大小事情跟媽媽講一遍，到上床前都在客廳的大桌子一起做功課，自己的房間只有睡覺時才進去，電腦擺在客廳大桌子邊，只有在要交報告有需要時才會使用。不過，我還是趁這個機會跟她們討論：「每個人都會有些事情不想讓別人知道，這很合理，這就是隱私權。但你們以後要注意，在網路上傳的信件，或是在網站、部落格發表的言論、張貼的訊息，都算是公開的，除了不要把自己的私密資料放上去之外，也不要談論或批評別人，以免洩漏別人的隱私或觸犯公然侮辱罪。」

Ｂ寶好奇地追問：「到底什麼算是隱私權？」

我告訴她們：「一個人有躲在房間裡不讓別人看到他在做什麼事情的權

利，就是隱私權；還包括一個人可以不讓別人知道他在想什麼，或是自己的資料不希望別人看到，這些都算。因此偷看別人的信，或是把別人不想讓其他人知道的事情公開，都算是觸犯了別人的隱私權。」

A寶吐吐舌頭說：「這樣說來，『隱私權』好像很籠統，也好像無所不包嘛！」

的確，隱私權的界定並不是很明確，各個國家或不同的民族文化對隱私權的看法也不太相同。比如，華人習慣大家族一起生活，而在日本的文化傳統裡家人會在同一個空間，比較不重視個人隱私，尤其東歐的吉普賽人在文化上不太有個人獨處的機會，他們甚至認為，如果有人想獨處，一定有問題。

全世界最重視隱私權的，大概是美國人了，這也是來自於他們的文化。兩百多年前，有許多人從歐洲移民到美洲新大陸，是英國政府的殖民地，當時英國政府頒布所謂「執行令」，允許讓任何一個政府官員可以沒有任何理由隨時進入人民家裡或公司進行搜索。這種極度不顧慮人權的做法，當然引起這些新移民的不滿，認為他們應該擁有隱私權，因為一個人的家就像是個人的堡壘，不容許別人的隨便入侵。後來美國革命，爭取獨立，主要就是要廢除這個「執行令」。

有這樣的歷史背景，難怪美國幾乎算是最保護個人隱私的國家，但也因此偶爾會有罪犯利用隱私權來逃避法律的制裁。所以，為了保障公共安全，隱私權也會做某些限制，比如搭飛機要檢查所有私人物品，原因即是如此。

A寶想了想，又繼續追問：「許多電影都常演到，警察明明知道誰是犯人，卻沒辦法抓他，這都是隱私權害的。隱私權到底有什麼好處？」

我提醒她們，任何制度或法令一定有要解決的問題，也一定會有限制與缺點。有了隱私權，我們就可以不受別人干擾，自由地思考，自由地行動，可以讓我們的想法保密；我們也可以依照自己的方式和別人交往或選擇宗教信仰。隱私權是保障每個人是獨立個體的基本前提；同時，隱私權也要求我們必須尊重他人。

不過，的確像A寶擔心的，隱私權也有一些缺點，比如可能會讓我們無法及時發現違法、違規的行為；對於個人來說，有時候和別人在一起可以刺激新的想法，學習不同的做事方法，過度強調隱私權或許會失去一些創新的機會；擁有太多的隱私，也會帶來寂寞的感覺，在學校或團體中，很可能會被別人討厭、遭別人排擠。

跟兩個孩子一路討論，一下子就快到家了，在下車之前，我簡單做個結論：「民主社會裡有很多權利與價值選擇，彼此之間或許有衝突，在輕重緩急下，必須要有取捨，沒有放諸四海不變的標準答案；在不同社會、不同情境下，都會有不同的解決方案，因此我們要常常抱著開放的心胸去思考與討論各種社會現象。」

無所不在的學習

當世界變成平的，
家長必須謙虛地與孩子一起重新思考怎麼學習，
並且培養終身學習的態度與無所不在的學習的主動性。

最近日本有一本暢銷書，書名是《一億人總憂鬱》。我們現在所處的時代已是全球化的世界，當世界變成平的，每個人的工作壓力都非常大，為人父母也深深體會到，未來自己的孩子必須和全世界的孩子競爭，愈來愈焦慮的家長不得不擔心：「究竟要讓孩子學些什麼，他們才會有競爭力？」

父母總是費盡心思想幫孩子安排一切，期望孩子有個比較順遂的道路；

但是，我們必須瞭解，世界變化實在太快，沒有人知道未來究竟什麼行業才是安穩的；而且如果家長主觀的安排不符合孩子的興趣，即便有好的工作，孩子也不會快樂的。

更麻煩的是，父母常以自己過往的經驗去設想，用數十年前的教育與學習經驗來教現在的孩子，期待他們面對十幾二十年後的世界，這麼長的時間差距在變化迅速的現代，形成家長愈用力反而離目標愈遠的處境。英國近代史大師霍布斯邦曾經說：「人類若想要有一個看得清楚的未來，絕不會是靠過去或現在的延續來達成。」

愛因斯坦也曾提醒：「人類需要全新的思考方式，才能繼續存活下去。」因此，家長必須謙虛地與孩子一起重新思考怎麼學習，並且培養終身學習的態度與無所不在的學習的主動性。

在雙胞胎女兒出生的那一年，我與一群朋友成立了荒野保護協會，為臺灣的環境奔走之餘，也深深體會到，保護環境最有效益的方法，是改變父母對孩子的教養方式。因此，荒野一直都很關心兒童的教育，除了從周遭實際行動的夥伴身上學習，我也在陪伴孩子的成長過程中，細心地觀察並思索。

我覺得父母可以在三種學習領域裡協助孩子，**第一種是生命教育的學習，包括價值觀、生活態度與健全人格的養成。**雖然談到生命意義的尋找似乎顯得很高調，但學習最重要與最基礎的核心，就是自我尋找意義的過程，找出屬於自己的路，勇敢地追尋夢想。所謂生命教育，具體來說，就是尋找人與自己，人與他人，以及人與環境的適當關係。

第二種領域，是具體的能力培養與未來生涯的規劃。在我們過去成長的年代裡，我們以為的學習，大概就是知識上的記憶，但是，未來世界已從資訊時代轉成以創意、整合與同理心為主軸的「感性時代」，知識不再具有過去般主導的力量。因此，如何透過各種方法與工具累積孩子帶得走的能力，以永不止息的熱情面對愈來愈不明確且模糊的世界，並對萬事萬物保有探索與好奇心，這些面對未來關鍵的能力，包括獨立自主又負責，能主動學習、自我管理，且能忍受挫折，在富有批判思考的能力之餘，又兼具人際溝通的能力。

同時，在面對知識產出年年倍數成長的現代，對於一些學科或知識領域，比如科學、藝術與哲學，或面對未來工作的選擇與準備……這些都是家長可以陪伴孩子共同學習的。

第三種領域，是學校考試項目的準備。雖然我們都知道學校成績、學歷對於孩子真正的成長與幸福，並不重要；但也要務實地瞭解，我們可以認為學校考試的成績不重要，也可以教孩子不必在乎考試成績，但孩子的自信心與自尊心是在整個生活環境中形塑出來的，學校老師、同學的眼光，都會影響孩子對自己的看法。我們不能矇起眼睛躲在溫室裡說，自己快樂就好；也不能要求自己或是孩子，去對抗整個社會與環境的價值觀。因此，如何協助孩子應付考試，是不可輕忽的教養過程。應付考試是有方法的，就像各種能力的培養都有方法一樣。

理想上，我們期望一個有良好生命教育的孩子，他的能力很強，學校的考試成績也不錯。但我卻常常發現，對許多孩子而言，這三個領域似乎是獨立而沒有絕對的相關性。因此，家長只好辛苦一點，同時兼顧這三種領域。

雖然教育是一種有方法、有步驟，可以操作也可以檢視效果的科學，但是對於個別家庭來說，教養是一種藝術，因為孩子就像一隻小鳥，握得太鬆，牠就會飛走；握得太緊，牠就窒息了。

在真實的生活情境裡，學習並非可以百分之百控制的科學流程，它是經過設計後的放任。換句話說，我們可以事先設計與安排適當的情境或環境，然後引導孩子在其中自由自在地發展。教育是一種「用心而不要太用力」的藝術。

為什麼要讓孩子上才藝課？

所謂才藝，目的是在提供孩子豐富的生活與開拓生命視野的機會，透過多元的嘗試，引導孩子發掘潛能，培養出一生的興趣，在各種活動中，提供他們自我探索的機會。

教改經過十多年，理論上是不斷地透過各種政策與規定為孩子鬆綁升學壓力，但是從各種升學補習班數量劇增的情況看來，壓力不減反增，大多數孩子每天到處趕場上課，往往比大人的行程還滿。而且不知道是不是因為多元入學可以透過才藝加分的規定，許多家長把學才藝當作智育考試般來要求，讓原本是陶冶孩子性情與發展孩子興趣的才藝，反而成了升學競技的比賽。

根據統計，絕大多數孩子學才藝是由父母所建議與決定的；因此，身為家長的大人，就要反省自己讓孩子學習才藝的動機。我覺得所謂才藝，目的是在提供孩子豐富的生活與開拓生命視野的機會，同時透過多元的嘗試，引導孩子發掘潛能，培養出一生的興趣，在各種活動中，提供他們自我探索的機會。孩子學才藝若只是被當成升學加分的管道，或是父母炫耀親友的工具，就太可惜了。況且若太重視分數與學習成果，往往會扼殺孩子的興趣，反而得不償失。

同樣學才藝，有可能變成技術的反覆操練與孩子的夢魘，也有機會成為陪伴孩子終身的興趣，讓他們更能品味生活，成為生命的活水源頭。這其間的差別，或許只是家長的態度與孩子自己的感覺。

因此，當家長在幫孩子選擇才藝課時，要仔細觀察孩子與生俱來的氣質，看他們活動量的高低，生活的規律性或敏感度等等。說實話，要判斷孩子的性向與氣質趨向並不容易，很多時候是家長自己內心補償心理的投射或一廂情願的自以為是。所以，我們要讓孩子多方嘗試，也要讓他們擁有放棄的自由。

不過，當孩子想放棄時，要注意到是否有其他非興趣或學習上的原因，是孩子不喜歡老師，或是對老師的教法不適應，或只是才藝班某個孩子會欺負他……若確定不是這些因素，再觀察他學習的狀況進而從旁加以協助。

假如孩子對某種才藝有高度興趣也具高度能力，就要注意他學習的瓶頸與晉階師資的選擇；若是高興趣低能力，就當作是興趣的培養，重點擺在提升孩子的欣賞能力即可；若是低興趣高能力，就要想辦法激發孩子學習的熱情；若是低興趣低能力，不要勉強孩子，趁早放棄，讓孩子去做其他嘗試。

相對於讓孩子到才藝班學才藝，我反而比較喜歡鼓勵孩子從參加不同的社團中學習各種才藝。不管是學校的社團、民間團體的兒童團隊或社區裡的共學玩伴，這些社團活動幾乎不用花錢（與才藝班一堂課數百元到近千元的學費相差非常多），也沒有家長或老師必須時時檢視進度與成效的壓力；更重要的是，在社團裡多了很多人際互動，彼此間是共同努力、互相合作的夥伴，而不是互相競爭的同學。

當孩子在毫無壓力的社團中高興地玩了一學期又一學期，再視情況協助他們突破技術上的瓶頸，幫忙找專業的老師輔導學習，到了這階段，因為孩子產生真正的興趣後，花大錢才有效果，也比較值得。

現在坊間充斥琳琅滿目的才藝班，從學校課程就有的美術、科學、音樂類別，到各種體能課程，如律動、體操、瑜伽，甚至柔道、跆拳道、武術，還有許多運動項目，如桌球、羽毛球、直排輪，其他如各種棋類、魔術、戲劇……等，似乎樣樣都很重要，家長在怕輸給別人的壓力下，不小心就會讓孩子疲於奔命。

我倒覺得，把孩子所有時間都安排得滿滿的，反而喪失了讓孩子擁有空白時間的機會。我常說空白的時光非常重要，當孩子可以無所事事地蹲在地上看螞蟻打架，坐在窗邊看著浮雲飄來飄去……當孩子可以無聊到胡思亂想時，無限的想像與創意才會在其間滋長，那些長長的空白與緩慢地悠遠感，才是身心安頓的基礎。

現在是個變化迅速的時代，人們處在這麼不確定、不穩定的世界，內心其實相當焦慮徬徨、壓力也很大，因此家長想盡辦法要讓孩子十八般武藝樣樣精通，以便可以贏過別人；孩子也非常辛苦與努力，未來是否具有競爭力還未可知，但卻可能因此而喪失他們的生命力。

我們是否可以跳脫技能或工具型的才藝課，回過頭來讓孩子靜下心來探索自己內在的心靈，以感恩的心欣賞這個世界，以熱情的態度活出美好而豐富的生命，這些在學校教育體系裡甚為缺乏，卻又非常重要的環節，或許才是家長可以協助孩子的。

國小、國中正是孩子情緒發展與價值觀養成的關鍵時刻，也是孩子面對自己、體會世界，學會如何與別人互動的階段，如何引導孩子在內在心靈層次上構架，反而比技能來得重要。

如果知識與才藝是種子的話，也必須在肥沃的土壤中才能發芽茁壯，熱情與易感受的心，就是肥沃的土壤。若能幫孩子準備好肥沃的土壤，讓他們在成長過程中，遭遇許多生命中的機緣，這些機緣就像天空中飄落的種子般，自然會發芽長大。否則，若孩子既被動又缺乏熱情，即使逼著孩子學許多才藝，就像把一顆顆種子灑在水泥地或沙漠中，要發芽無疑是困難的。

家長要放輕鬆，讓孩子在自在的探索中，自由長成各種姿態，相信會是父母想像之外，令人驚艷讚賞的美麗。

一定要為自己加分

不要接受別人給的分數，一定要為自己加分，不同的選擇，造就不同的自己，進而完成屬於我們自己的故事。

經常聽到周圍的朋友批評現在的年輕人，說他們是經不起挫折、一壓就爛的草莓族，也有人感慨現在的學生既自私又好逸惡勞。其實這些都不是事實，自古以來，不管是兩千多年前西方的亞里斯多德或東方的孔子，都經常批判他們接觸的年輕人，說是「今不如古」，說「現今」社會道德淪喪，風氣敗壞。

看來，對於比自己年輕一輩的孩子，習慣性地看不順眼，會不會是人的通性？因此，大家一定要拿掉別人貼在自己身上的標籤，不要被那些沒有意義的閒言閒語干擾了自己的情緒。

不管在學校考試或基測、學測成績的 PR 值是九十七或是七十九，我們一定要為自己加分。因為學校考試給的只是分數，評量的是人數十種不同能力中的一、二種而已；更何況目前的成績只是暫時的，離開學校面對的是真實人生，是個人所有能力與生命態度的綜合表現。

安藤忠雄是當代全世界最偉大的建築師之一，他的最高學歷是日本不知名高職的電工科畢業；李安是國際知名的大導演，曾經整整七年失業在家。不管是安藤忠雄或是李安，都不會因為別人的眼光而認定自己是個沒有用的人。他們不斷努力，不斷為自己加分，終究能發揮自己的潛能。

若在學校是成績好的人，也要不斷為自己加分，盡量把握機會學習考試之外的能力。世界變化得太迅速，現在所學會的，在三、五年後，恐怕一點用處也沒有了。美國前教育部長曾經指出：「二〇一〇年需求最大的十種工作，在二〇〇四年時根本不存在。」換句話說，經過五年、十年後，社會上還有哪些產業存在，還剩下哪些職業，現在沒有人敢保證；十年後的工作所需要的知識、技術、工具，現在根本就還沒有出現，我們現在所擁有的優勢，幾年後就會毫無用處，因此，一定要為自己不斷地加分。

不要排斥任何學習的機會，畢竟，學習是效益最高的自我投資；也要勇於嘗試，勇於冒險，不要怕失敗，愈年輕所犯的錯誤成本愈低。不要擔心犯錯，假如想出一個錯誤答案，其實離正確答案就更接近了一點。

我當學生時經常與同學們玩拱豬。玩牌時，大家總想丟出手中的豬，去抓住那隻幸運的羊。真實人生中我們也是如此，總是盼望自己有不勞而獲的運氣，輕輕鬆鬆地過日子。然而我卻深深體會，豬與羊都存在，才是圓滿的人生；我也相信，生命中往往會「豬羊變色」，當年以為是困苦倒楣的遭遇，其實是上天給予的祝福，而錢多事少離家近的工作，往往是人生悲慘境遇的源頭。

經過多方嘗試，把握任何機會盡量學習之餘，也要仔細想一想，什麼是自己真正喜歡做，對別人也有幫助的事。這是要提醒自己，真正喜歡做的事必須是社會所需要的，也就是我們生存的這個世界願意付錢給我們的事。

若是一時還想不出真正喜歡做什麼，也沒關係，很多人甚至要到畢業進入社會，工作好一段時間後，才慢慢顯露出自己的天賦。不知想做什麼事時，只要把手邊該做的事確實地做好，把這個階段接觸到的技術或能力好好掌握即可。

我認為人不要太功利，壓縮了正常成長的歷程，太匆忙地跳過該有的經歷。有時候，跌跌撞撞反而比抄捷徑更能活出生命的精彩與美好。

一定要常常提醒自己，永遠有選擇的機會，每一天、每個時刻都可以重新選擇，絕沒有「命定」這回事，不要接受別人給的分數，一定要為自己加分，不同的選擇，造就不同的自己，進而完成屬於我們自己的故事。

任何值得知道的事物都是教不來的

真正重要的事無法透過課堂上的認知學習被教導，
必須在真實場域裡體悟得來，
或是透過父母日常言行一點一滴建立起來。

最近這些年，臺灣家庭生的孩子愈來愈少，父母不但沒有變輕鬆，在全球化的競爭壓力下，對如何教養孩子反而更加焦慮與徬徨，於是紛紛要孩子到處補習、參加才藝班，聽別人說有哪種活動不錯，擠破頭也要摻一腳，像隻無頭蒼蠅忙得團團轉時，卻忽略了教育最基本的目的與家長真正該扮演的角色。

教養的目的，無非是希望孩子長大後能夠好好地活著，說得更文雅一點，就是希望孩子擁有健康幸福快樂的一生，可以自我實現、貢獻社會幫助他人……

在這個簡單的目的裡，家長經常忽略時間與空間兩個因素，也就是孩子長大後的世界，以及孩子長大後所處的環境。不同時代、不同地方，生存發展的條件一定不同，必須具備的能力與素養也不同，偏偏我們都習慣依「過去」被對待的方式與目前所處的環境，教導孩子去適應「未來」的社會。

因此，父母要用心，除了要注意未來的趨勢之外，在變化迅速難以預測的時代裡，也要回過頭來思考，哪些重要的素養，是孩子可以以不變應萬變的能力？

我在陪伴雙胞胎女兒的成長中，希望孩子能尊重體貼別人，在真實的世界中學習與人互動，培養同理心，同時利用各種情境、影像與小說，激發孩子主動學習的意願，尋找孩子在不同領域的潛力，甚至啟發她們對未來世界的憧憬與夢想。

在這段過程中，我認為父母最重要的責任，在於協助孩子價值觀的建立，這些真正重要的事無法透過課堂上的認知學習被教導，必須在真實場域裡體悟得來，或是透過父母日常言行一點一滴建立起來（也就是身教）。

或許這就是「情境教學」的困難之處，不能像背英文單字，或背詩詞文章一樣，花多少時間，效果立刻可以驗證。但是從情境中、從真實人生中的學習非常重要，只是無法依我們習慣的數字管理那樣去要求效率。

在居家生活中，家長可以培養孩子閱讀小說的興趣，從這些深度刻畫人性與情緒描述的書本中，讓孩子對書中主角的遭遇感同身受；或者挑選好的影片，讓孩子融入電影氛圍中，與劇中人物一起經歷喜怒哀樂，一起面對生命困境的選擇與挑戰，並且克服難關。感受不同遭遇的生命，也是讓孩子擁有同理心的好方法。

教育或陪伴孩子，對每個家長或老師而言，絕對是腦力兼勞力密集的辛苦產業，但是，如果現在不投資，以後一定會付出更大的代價。

我相信只要用心，從自己周圍的親友與同事當中，也可以找到許多給孩子情境學習的機會，教育哲學家桑塔耶納曾說：「只在學校接受教育的孩子，等於沒有受過教育。」的確，父母的身教、從日常生活中食衣住行的機會教育，或許是不花錢卻最有影響力的情境教學呢！

忙碌的爸爸也能做個好爸爸

在日常生活中創造出一些儀式性的時刻，每年安排幾次特殊的珍貴時光，或是利用幾個家庭的力量來陪伴孩子，這是忙碌父親的教養祕訣。

我們身處在全球化的時代中，最大的特色就是每個人愈來愈忙。雖然現代女生幾乎也像男生一樣，必須去上班賺錢，但是教養與陪伴孩子的責任，還是停留在古代，主要由媽媽來承擔。

當然，爸爸們總是有許多的藉口，比如：要加班，要出差，要應酬……

總之，往往他們真心感受到陪伴孩子的重要性時，孩子或許已進入青春期的叛逆。因此，這些忙碌的爸爸們應該瞭解，無論是否希望，父親對孩子都會有深遠的影響，不管是正面的或負面的，因為孩子需要媽媽，同樣也需要爸爸的陪伴。

畢竟男女天生不同，孩子在成長過程中，父親扮演的角色是不可或缺的。雖然號稱一家之主的男生常常會自我調侃：「家裡的大事由我決定，小事由媽媽決定。只是至今為止，家裡從來沒有發生過大事。」從這裡可以看出，男、女生對事情的判斷與觀點是不一樣的，這種父母彼此間多元且不同的天生性格，應該可以成為孩子成長學習的參考。

有許多縱橫商場上的強人，或是深謀遠慮績效不凡的企業家，回到家卻是用最糟糕、最無效的方式和孩子互動。這些朋友除了在工作上花太多時間外，也在工作上投入太多的精力，回家時已經累癱了，根本不想花時間思考與設計有創意或精彩好玩的方式來陪伴孩子，讓自己的工作變成殘害家庭關係的劊子手，實在非常可惜。

我總是相信，只要多用點心思，工作與扮演稱職的爸爸之間是可以相輔相成，達到雙贏效果的。

即便再忙碌，還是會有星期假日，還是會有機會回家時看到還醒著的孩子們；若真的沒辦法時，一定要想辦法調整自己的作息時間，或是努力找出工作空檔與家人在外面約會碰頭的機會。

世界著名的音樂家馬友友，曾經長年奔波在世界各地旅行演奏，他只好在轉機過程中與家人約在機場碰面吃飯，他曾消遣自己說：「孩子小時候一直以為爸爸在機場上班，因為每次總是在機場才見得到我。」

當然，我相信爸爸們不可能像馬友友一樣，一年到頭都在出差；要特別注意的是，雖然回家，如果只是坐在客廳看電視、看報紙，這並不算是在陪孩子，愈是忙碌疲憊的父親，愈要注意與孩子相處的每個時刻都要專心、用心地安排。

若是每次回家都已經太累，實在沒有精神與孩子做積極正面且愉快的互動時，一定要偶爾請假，養精蓄銳，安排值得紀念的特別時光或可供回味的經驗，比如一起探險，或別出心裁地為孩子慶生……等等。

對於大人，忙碌的工作使得時間過得非常快，不經意中，一年一年就過去了；然而，對每分每秒都在成長變化中的孩子來說，每個階段都是永遠不再有的時刻，工作可以重新開始，孩子長大卻是無法重來的。

如果能夠調整上班時間或起床作息，陪孩子上學或許是難得的互動時刻。有個朋友說，他女兒上高中、大學時，每天早上由他開車接送，在車上是與孩子相處聊天的最佳時刻，沒有閒雜事務干擾，兩人「肩並肩」的相處形式取代了「面對面」的緊張感。通常在這種情境下，孩子也比較容易敞開心胸。

當然，不只開車可以創造這樣的「親密神聖空間」，一起洗澡，一起洗菜、煮飯都可以。

只要當爸爸的可以用心，在忙碌的生活中，每個星期安排幾段這樣的時間應該不會太難。可能的話，在日常生活中創造出一些儀式性的時刻，每年安排幾次特殊的珍貴時光；除此之外，也可以利用幾個家庭的力量，一起來陪伴孩子，這也是忙碌父親的教養祕訣。

在孩子讀小學時的暑假，是如寶石般珍貴的時光，每年我們總會邀幾個家庭，大家輪流負責照顧，讓孩子住到不同的家庭裡，除了可以體會不同的生活外，不同的家長還可以針對每個人的專長興趣或人際資源，幫孩子安排不同的學習主題。因為孩子是跟一群要好的朋友在一起，所以任何學習都像是玩耍一般有趣。

我發現，即便在學習某個科目或某項才藝，只要是孩子和自己的好朋友一起去，整個過程會像是在玩耍一般；在彼此的激勵下，學習態度也會更積極、更主動。

這種幾乎不花錢的「夏令營」，比起許多要花大錢參加的營隊效果還來得好。而且聯合幾個家庭的孩子，到彼此的家裡輪流住，每個家庭只要負責照顧這群孩子三到五天（這幾天的休假若是事先計劃，家長應該可以排得出來），父母就可以享受大半個月沒有孩子在身邊的「單身」生活，最重要的是可以趁機建立起孩子的童年玩伴，也讓他們體驗不一樣的假期。

總之，只要爸爸們真心想陪伴孩子，不管多忙碌，一定可以找到方法的；孩子也一定可以感受到父親的愛，這將會是他們長大後面對挑戰與困境的力量。

第二步　扎根

培養孩子的自律與常規

自律與常規是學習的基礎

在孩子習慣與人格養成的初期，不應該以「當孩子的朋友」為藉口，孩子必須聽從父母的話，從小要求他們守紀律，如此才有利於一路陪伴他們度過青春的叛逆與狂飆期。

最近社會各界都在探討大學生的上課態度問題，學生上課遲到、吃東西、打瞌睡、戴耳機聽音樂之外，往往還因為半夜上網玩線上遊戲，導致無法早起而翹課，大部分的大學院校甚至上午第一、二節課都不敢排課。

當然，影響課堂上秩序的原因非常多，而孩子上中學後在校的學習行為，家長的影響力已經愈來愈小，甚至是鞭長莫及、有心無力了！但若能從小養成孩子自制與主動的習慣，不管是在他們的成長階段，或是進入社會嚴酷的職場淘汰賽，才能有應對挑戰的能力。

因此，養成孩子的自律與常規，是終身學習的基礎，這是許多盤旋在孩子身邊，幫孩子安排、打點好一切事物的「直升機媽媽」或「計程車司機媽媽」所忽略掉的。

所謂生活常規包括規律的作息，每天分擔做家事，不吃垃圾食品，養成衛生與運動習慣。這些規範與規矩一定要從小培養，家長一定要堅持，絕不能破例（當然父母也要以身作則）。我甚至認為孩子將來的生活習慣與生活態度，是每天和孩子一起生活的家長逃避不了的責任，因為孩子出生後一直到小學為止，食衣住行育樂百分之百掌握在父母手裡。這個階段的孩子唯父母的意向是從，想討父母的歡心，喜歡吸引父母的關注，因此家長實在沒有任何理由或藉口推卸這個教養責任。

比如我們要求孩子晚上九點要準備上床，九點半熄燈，早上六點起床，不管寒暑假或週末假日都得保持規律的作息。飲食習慣也是如此，從孩子出生後，家裡就沒有任何包裝飲料，從小她們就只能喝白開水；從一歲多會走路後，只要出門，她們都會背自己的水壺，原則上我們是不允許她們喝家門口外（包括朋友家或餐廳）的任何飲料；當然，我們自己也一定做到，當作榜樣。

同時，我們家也沒有零食或是有健康疑慮的點心，通常是準備許多水果（臺灣可以說是水果王國，任何季節都有豐富的當季水果）以及大麥麵包。正餐吃得很簡單，以新鮮的當季蔬菜為主，甚至為了方便，常常煮「什錦麵」，也就是在麵條中加入各色蔬菜，各種營養與熱量就可以均衡地獲得。

孩子在家吃習慣這種「清淡」的飲食，當偶爾必須在外面吃又鹹又油膩的食物時，她們不但口味上會不習慣，甚至身體也會起反應，把不健康的食物以「拉肚子」的方式排出。

而運動習慣就是鼓勵她們在學校參加「運動型的社團」，透過比賽的刺激維持每天練習，達到每天運動的要求。

做家事也是如此，平常除了要她們洗自己的內衣褲之外，全家的衣服在洗衣機洗完，晾曬、摺疊後放入每個人的衣櫃，也是她們的例行工作；假日時洗菜、準備食物以及洗碗盤，也是她們的責任。

至於自律方面，從孩子上小學四年級起，平常的假日或寒暑假，就開始培養她們安排自己時間的習慣。剛開始，我會先與她們討論，協助她們去思考與規劃時間的運用，看看有沒有遺漏該做的事情，同時提醒她們遵守自己的計劃。沒多久，她們就相當能掌握自己的生活節奏。也因為她們握有安排的掌控權，所以生活得非常主動與積極，我們幾乎不必再催促她們做任何事情，頂多只有在她們太專注而忘了時間時，輕輕地提醒她們是不是該進行到下一個項目？

我覺得當孩子生活有規律，或者說行為舉止有紀律時，反而可以把紛亂的心安定下來，讓精神與心力留給心靈更大的空間與能量。

有人說：「有什麼行為就有什麼習慣；有什麼習慣就有什麼性格；有什麼性格就會有什麼命運。」有許多家長聽信某些專家的話，說「父母要當孩子的朋友」，以為一切事情都必須跟孩子「好好商量」，以致於孩子才剛學會走路、講話，父母就放棄管教的責任。其實父母就是父母，在孩子習慣與人格養成的初期，不應該以「當孩子的朋友」為藉口，孩子必須聽從父母的話，從小要求他們守紀律，如此才有利於一路陪伴他們度過青春的叛逆與狂飆期。

常規的養成，是父母教養孩子最重要的核心，而孩子需要限制，這是父母必須知道的祕密。

以溫柔而堅定的方式建立孩子的規矩

當孩子知道他們可以自由活動的安全底線在哪裡，什麼事情可以做，什麼事情不可以做，反而可以讓他們很有安全感的成長與發展。

最近收到許多朋友轉寄的一篇訪問報導，談到王品集團的創辦人除了不准孩子到他創立的公司上班，也告訴他的孩子百分之八十的財產都會捐給公益團體；他的教育方式就是要孩子從小就自己想辦法，並且認為要孩子知道「民間疾苦」的最好方法，就是讓他們生活在疾苦中。

看了這篇文章，真是心有戚戚焉。想起最近看世界鉅富股神巴菲特的兒子所寫的書，他們家的教養方式，也是從小要孩子自立更生，為自己的人生努力，他的父親也不留錢財給他們。

在日常生活中，我經常看到許多驕縱奢華、目空一切的小孩。感慨之餘不免想到，難道他們的父母不知道這樣反而會害了孩子嗎？甚至有許多家境一般的家庭，他們的孩子到了三十來歲，在過度保護下變成逃避工作與挑戰，無所事事在家當米蟲的「啃老族」。

已有許多研究指出，一個要什麼有什麼的孩子，最後會變得非常不快樂；美國有個調查也發現，在富裕家庭長大的孩子，罹患憂鬱症的比例是平均值的三倍。

孩子在家長的過度保護與過度安排下，養成既被動又不成熟的個性。我們必須容許孩子可以受苦，可以難過，甚至可以受點挫折，好好地哭一場。

我也看到許多家長誤解了開放教育的意思，以為要當孩子的朋友，甚至以為從小讓孩子自由自在毫無約束，才能養成豐富的創造力與發展天賦的才能。德國哲學家亞斯培曾說：「沒有權威，便沒有自由。」我深深以為，孩子的常規養成，是教育最重要的核心。

我們看到許許多多才氣縱橫的大人，到頭來卻一事無成，主要原因是缺乏某些紀律的訓練，不要說在類似馬拉松賽的人生旅程中，面對一道又一道的關卡與挑戰，需要不斷學習新的知識，也需有堅強的毅力與面對挫折不氣餒的韌性，這些都必須靠著有紀律與自律的習慣。因此，讓孩子養成好的生活常規，比有什麼才藝或是考試成績來得更為重要。

生活常規包括生活習慣與生活態度。在前一篇〈自律與常規是學習的基礎〉，已提過如何養成孩子好的生活習慣，我就不再重複說明。至於生活態度方面，我們比較重視養成孩子積極且正面的思考，不講別人的閒話，更不能批評別人；協助她們學會訂定計劃，安排自己的學習進度後，在生活中就給她們很多自由選擇權，並要她們承擔自己選擇的後果。

有了之前的常規要求，長大一點放任她們自由選擇與安排自己的生活時，身為家長的我們也可以比較放心。

我相信許多家長都知道常規養成的重要性，卻因為每天得跟孩子大小聲，在不斷指責下，不但親子關係弄不好，還搞得大人也身心俱疲。其中最大的關鍵在於，除了父母要以身作則之外，教養的要求也要有一致性，讓孩子知所依循，絕不能同一個行為，有時候可以，有時候又不行，當要求的標準會隨著大人的情緒而變化時，孩子無法口服心服，這些常規自然不可能變成終身跟隨的習慣了！

以溫柔而堅定的方式建立孩子的規矩，要孩子為自己的行為負責，承擔後果，是現代忙碌的父母最該學習的。有許多在職場上非常能幹頂尖的父母，忙得沒有時間陪孩子，好不容易出現時，不是動口責罵、批評孩子，就是滿懷愧疚地寵溺孩子，結果養出一個個沒有規矩又自我中心的小霸王。

我必須再次強調，孩子需要被限制，也渴望生活中有個可以遵循的底線，這是所有父母都必須知道的祕密。當孩子知道他們可以自由活動的安全底線在哪裡，什麼事情可以做，什麼事情不可以做，清楚地知道生活中有一道絕不可越界的圍牆，反而可以讓他們很有安全感的成長與發展。

舒壓，比優秀更重要的事

父母要從孩子生活所透露的蛛絲馬跡來瞭解他們是否陷於壓力中，不要一味地鼓勵孩子追求優異表現，若因此失去精神上與身體上的健康，反而得不償失。

孩子上了國中之後，幾乎天天都有考不完的大小試，作業與評量試卷也似乎永無止盡，看著她們放學回家就在書桌前認真地訂正寫錯的題目，整理筆記，連要她們放下功課吃晚飯，都得三催四請，我相當心疼，卻是莫可奈何。

不過，前一陣子，孩子一放學回家，很高興地說她們班上已經吃過月餅、賞過月了！

原來中秋節前一天的最後一節課是英文課，老師事先要她們從家裡帶月餅到學校，上課時全班就到校園裡邊吃東西邊上課。她們的國文老師與教數學的導師看到以後，也自掏腰包買飲料請同學喝。更好玩的是，她們那個有點像美國克拉克老師般熱情的導師，居然用白紙剪了一個月亮，掛在三樓陽台上，讓大家賞月，全班同學就這麼開開心心地提前過中秋節了！

這個小小的插曲，是用心的老師們很體貼地讓學生們在繁重的課業壓力下，得以抒解一下緊張的壓力。

對於中學生的壓力，大人比較容易理解，至少可以很清楚地感受到他們進入青春期的叛逆，還有在身體急劇成長下的惶恐、尋求同儕認定的人際關係課題，以及最顯而易見的升學壓力。不過，對於小學生的壓力，許多家長恐怕就無從體會了，總覺得他們應該無憂無慮，上課學才藝，無論何時何地都在大人的呵護看顧下，哪裡會有什麼煩惱？

事實上，根據統計，臺灣有超過四分之一的小學生曾經想要自殺，中學生的比例更高，居然有三分之一以上；更可怕的是，其中有四分之一的學生曾經採取行動，自我傷害。

這些年也不時聽聞就讀明星高中，學業成績非常優秀的孩子自殺，如何協助孩子抒解壓力，恐怕比一味地逼迫孩子各方面表現都要優秀還來得重要。

在這個不確定的時代，壓力無所不在，很多時候，我們是無力也無法改變外在環境的，但我們可以改變看待事情的角度與心態。除了學習與壓力共處，將壓力視為挑戰，甚至是生活的一部分之外，也要積極建立良好的生活習慣，將壓力控制在自己可以承受的範圍。

首先，父母本身的價值觀與態度就先要做個檢視，是否在不經意的言談中對孩子有太多期待，這或許是他們壓力的來源。此外，要讓孩子瞭解考試考得不好、老師的指責、同學的批評，都不是世界末日，生命有多元的價值，被壓力困住的人，常常源自於陷入單一的價值觀，不知道人生還有其他可能。

而面對中長期的壓力，最有效的方法只有養成良好的生活習慣來抒解，比如定期運動，常常接近大自然，或是透過音樂欣賞。運動時會產生腦內啡及血清素，對當下壓力與情緒的改善有非常立即的效果；而血清素與腦內啡對學習與認知功能也很有助益。至於接近大自然，大概是最沒有門檻也最沒有任何副作用的舒壓管道了，任何人在任何時候都可以從自然裡獲得心靈的平靜。另外，選對音樂也可以讓孩子的精神放鬆。

對於孩子來說，課業或學習上的障礙，是很常見的壓力來源，要增進孩子的能力，協助孩子養成規劃事情、安排生活的習慣，將無形的壓力具體化，然後化整為零，一小部分一小部分地依序處理。最好時常鼓勵孩子能夠面對問題，並且隨時解決難題。

對於大一點的孩子，可以教導他們心理學的「認知療法」，採取以下幾個步驟來面對壓力，首先是「你這麼想，有沒有客觀證據？」再來是「即使有了證據，事情有沒有其他可能？」最後是「若真是如此，會有多糟糕？」用理智且具象的方式，把無形的壓力攤在面前，通常壓力就可以被處理與承受了。

身為父母，要從孩子生活所透露的蜘絲馬跡來瞭解孩子是否陷於壓力中，不要一味地鼓勵孩子追求優異表現，若因此失去精神上與身體上的健康，反而得不償失。

讓孩子懂得抒解壓力，在這個容易憂鬱的時代中，是一件比優秀還要重要的事。

陪孩子面對考試

考試不應該故意考倒學生，這樣不只是打擊孩子的信心，也會破壞對學習的興趣，以及進入文學欣賞的可能性。

每天下班回家，就看到讀國中的雙胞胎女兒，兩人各占大桌子的一角，很認真地在讀書、寫作業。有時想跟她們哈啦兩句，只見B寶頭也不抬地說：「再見！」我只好摸摸鼻子溜回自己的房間，要等她們做完功課、吃宵夜時才能聊聊天。

AB寶在讀小學時，只要看她們在練習測驗卷，就會被我消遣：「題目做太多會變笨的！」她們大致上也能乖乖聽話，只在段考前兩星期加強做參考書裡的測驗題。但是，自從上了國中，我可不敢再如此建議，頂多只會幫她們哀怨一下：「可憐的國中生！」不過她們的作息倒還算正常，每天十點以前就可以睡覺，據說她們大部分的同學都要到凌晨一、二點以後才能上床呢！

大部分的都會國中考試非常多，每天幾乎都有小考，甚至一天考個二、三科都算稀鬆平常。國中有升學壓力，考試多好像也是情非得已；不過，我回想起A B 寶讀小學時，似乎考試也不少呢！

記得B寶在小學四年級的家庭聯絡簿生活花絮欄裡寫過：「快要月考了！每個老師都想讓自己的學生考一百分，拚命地發考卷，把我們累得半死，有必要考三張複習考嗎？真希望有一間不考試、常教體育、做一些有趣活動的學校。」

難得的是當時的老師下了一個有趣的評語：「辛苦了！」

後來曾與一些小學的校長討論這個問題，他們表示，考試會不會形成孩子的壓力，有時候還得看考試的結果如何。如果孩子考得很好，考試本身是一種能力的肯定，也許有鼓勵的作用。

我當然知道，身為老師或校長的人多少有身不由己的壓力，不管在教學內容或是教學形式，以及是否要有很多考試，是否要用評量（唉，我也是前些年才知道，學校早就不用測驗、考試這麼八股的名詞，而改成具有學術味道的「評量」了）。

我也瞭解，事不關己時，可以唱高調，但是面臨到自己身上時，能否堅持原本的信念，不隨著大環境與時代的潮流走，不見得是自己一個人可以信心滿滿的決定。

不過，考試不應該故意考倒學生。記得去年她們剛上國中時，我就曾被她們的考試題目給嚇到。

從小就覺得我的國文程度還不錯，除了當學生時國文科的大小考成績都還可以之外，平常還喜歡看各種雜書，在七〇年代面臨聯考死背的壓力很大時，我還利用課餘以每字每句圈點的方式看完《古文觀止》、《四書讀本》，甚至厚達一千多頁的《成語辭典》。不料，我的信心卻在ＡＢ寶拿一些國文測驗題目來問我時，產生了動搖。

原本想，國一上學期第一次月考的範圍，離小學畢業才沒有幾個星期，這樣的國文考題有什麼了不起。不料，我看到題目時就愣住了，才瞭解為什麼有那麼多人要去補習國文。我曾利用到國中演講的空檔與老師們私下聊天，教國文的老師就提到，她研究所的學弟這幾年開國文補習班，大發利市，才二、三年就買了好幾棟房子；她還笑說，沒想到教國文的居然「鹹魚大翻身」了呢！

以下幾題，是ＡＢ寶國一上學期第一次月考範圍的國文試題，也請大家測驗一下自己的國文程度吧：

題一：下列各詩句的季節，哪一項判斷正確？

（Ａ）孤舟蓑笠翁，獨釣寒江雪。↓秋

（B）打起黃鶯兒，莫教枝上啼。↓夏
（C）桃花盡日隨流水，洞在清溪何處邊。↓秋
（D）四月南風大麥黃，棗花未落桐陰長。↓夏

題二：「欲窮千里目，更上一層樓。」這兩句詩有因果關係，下列何者同為具有因果關係？
（A）兩岸猿聲啼不住，輕舟已過萬重山。
（B）蠟燭有心還惜別，替人垂淚到天明。
（C）洛陽親友如相問，一片冰心在玉壺。
（D）古調雖自愛，今人多不彈。

題三：「煙花三月下揚州」，所描述的季節與下列何者相同？
（A）千里鶯啼綠映紅，水村山郭酒旗風。
（B）鷺飛林外白，蓮開水上紅。

（C）明朝掛帆去，楓葉落紛紛。
（D）孤舟蓑笠翁，獨釣寒江雪。

答案也許是第一題C，第二題B，第三題A。

不知道這一、二個答案選項，大家是否都知道出處？若是連大人都不太清楚，怎麼能要求一個小學畢業沒幾個星期的孩子回答得出來？這樣的考題不只是打擊孩子的信心，也會破壞對學習的興趣，以及進入文學欣賞的可能性。

除了詩詞古文之外，許多關於白話文的題目之鑽牛角尖，就更令人匪夷所思了，有許多題我都直接跟孩子說：「你不要理這一題，題目有問題！」有時單一句普通的白話文，居然可以問出那麼多種「詞性」，天啊，我們講話講了幾十年，卻不知日常用語還區分為十多種不同詞類，竟要讓孩子一個字一個字去分辨出來?!

相信每個家長都知道上了國中，每天考好幾份的測驗卷，對孩子真正的學習並沒有幫助（甚至會有反效果），但並不是家長說：「考試成績不重要！」孩子就會乖乖地不去理會考試，畢竟他們在學校還要面對來自老師、同學的壓力，若真的考得不好，對自信與自尊都是打擊。也難怪置身其間的孩子，放不下對成績的斤斤計較。

該怎麼辦？好吧，我們只好相信：「生命都會自己找到出路！」

愈買愈不快樂的孩子

物質購買欲望與孩子的自我肯定密切相關，
物質觀念愈重的孩子，自我肯定度愈低；
也就是說，向外追求滿足的孩子，內心其實非常脆弱。

有不少朋友都為了他們那些整天吵著要買東西的孩子傷透腦筋。這些孩子小時候就想買玩具，買各種沒營養的垃圾食物，等長大一點就會要求購買時髦流行的商品或流行服飾，或是「別人有，我也非有不可」的電子產品。

這些朋友很羨慕我，好奇我的兩個女兒為什麼從小就不會被五光十色的商品給引誘，也從來不會跟著同學比時髦、追求流行時尚？

我想，在具體生活的習慣方面，因為家裡沒電視，所以不會被許多電視廣告、商品行銷所誘惑，而且她們除了寫作業的需要之外，幾乎不曾花時間在網路或電子遊戲中。

我們盡量養成孩子閱讀、運動的習慣，參加好的社團，認識一些好朋友，一起在大自然裡玩耍探索。

我相信一個有信心、意志堅定，對生活有掌控權的孩子，比較能夠抗拒無所不在的商業行銷，或是來自同儕的炫耀與比較的壓力。

讓孩子與電子媒介保持相當距離，善用電子媒體成為學習的利器，而非讓整個生活被電視、網路與電子遊戲所控制。這件事說來簡單，做起來卻不太容易。

在這個時代裡，許多家長不放心孩子到外面玩，怕孩子被壞人誘拐，也怕交通意外的風險，更怕孩子結交壞朋友而結黨結派，所以孩子待在室內的時間愈來愈長。

電子螢幕雖然可以輕易吸引孩子的注意力，但是絕對不能讓它們成為孩子們的電子保母，當孩子沉迷於電子世界時，很容易變成整天想要購物，而且愈來愈不快樂的人。因為這個電子世界的基礎就是商業利潤，看似免費的網路或電視節目，在我們很難察覺的情況下，利用各種非常有效的方式勾引孩子購買的欲望。

經過許多心理學家與行銷人員設計出來的廣告，對人們潛意識的影響非常大，孩子很容易受到廣告的左右，潛意識往往會戰勝理性的思考。

除了電視廣告之外，街頭的看板、捷運車廂裡的海報、雜誌、紙袋、包裝紙……到處都是商品廣告；網路的廣告更是厲害，廣告時間可以無限長且持續，加上病毒式行銷或遊戲式廣告，藉由輸贏的情緒變化，使孩子與商品品牌產生心理連結，會讓孩子從小就開始追求品牌與追求物質，這是讓我相當擔心的地方。

這些廣告，總是說服孩子必須擁有他們的商品才會快樂；換句話說，如果不買就會很不快樂。而廠商要不斷地銷售，所以會一直推陳出新，孩子就必須不斷地購買，才能確保會快樂。

可是，事實卻適得其反。許多研究明確顯示，物質購買欲望與孩子的自我肯定密切相關，物質觀念愈重的孩子，自我肯定度愈低；在意自己擁有多少東西的孩子，往往覺得自己比較沒有價值，比不上別人。也就是說，向外追求滿足的孩子，內心其實非常脆弱。

也有調查報告顯示，孩子看電視的時間愈多，要求買的東西也隨之愈多，意思是孩子愈常接觸這些廣告訊息，物質欲望愈強，欲望強的孩子往往不快樂。

我認為孩子並非天生就是物質主義者，他們的價值觀是後天形成的。現代的孩子長期置身在各種廣告訊息中，自然會從這些螢幕裡形成他們的價值觀，因此父母一定要格外小心地看待圍繞在孩子身邊的媒體。

我們也要與孩子溝通如何使用金錢，教導他們價值的選擇、報酬與代價的意思，讓孩子瞭解到什麼是分享，如何儲蓄，讓他們瞭解金錢在生活中的意義。

物質不能使孩子快樂，孩子需要的是友誼，以及與父母親密的關係。處在消費時代裡，如何教導在廣告訊息與誘惑中生活的孩子，能夠抗拒撲天蓋地而來的商業行銷，恐怕是現代父母全新的重要課題。

錯誤是學習的訣竅

從小學有考試開始，我就要孩子分門別類地準備「錯誤本」，要求她們把寫錯的題目抄下來，想辦法搞懂。找出不懂，不會的地方是最大的收穫。

最近幾年，陸續有偉大藝術家與世界名畫的真蹟來臺灣展出，許多老師與家長都趁機帶著孩子從事美術教育的戶外教學。

我認為培養孩子的美感教育要從藝術與繪畫的源頭，也就是從大自然裡直接體會，在真實世界裡運用各種感官去摸、去聽、去看、去感受，而不是藉由間接的媒介去認識美。

不過，我還是帶孩子去看梵谷展，原因是這次展出的作品大多是梵谷早期所畫，有許多素描與草稿。我想讓孩子看到，即便是這麼偉大的藝術家，在達到成熟的完美創作之前，還是必須歷經不斷修正、自我鍛鍊的過程。

不管學習任何領域，從藝術、醫學、建築，甚至體育、高科技……若我們永遠只看最新、最優秀、最傑出的作品，即便花費再多時間，也只是個門外漢，永遠成不了專家。就像觀摩一篇傑出的文章，在看似渾然天成的作品中，其實是學不到多少東西的；但是假如能夠看到作者的草稿，看他們是如何把辭不達意、不妥當的地方，逐漸修改到最後如行雲流水的過程，從中所得到的收穫才會更大。

這就像科技的進展一樣，知道前人如何犯錯、如何修正、如何從粗略到精密，從中探索出他們是從哪裡獲得最初的靈光一閃？之後如何去思考？中間有哪些的推理？換句話說，若是能從不成熟或失敗的作品，一直看到優秀與最終的傑作，才可以學到最多的東西。

或許是有這樣的體會，使我在陪伴孩子的學習過程中，非常重視錯誤對學習的重要性。

從小學有考試開始，我就要孩子分門別類地準備「錯誤本」，我們完全不重視考試成績，但要求她們把寫錯的題目抄下來，想辦法搞懂。每當孩子考得不好時，我們甚至反而會表現出很高興的樣子，鼓勵她們說，因為錯這麼多，才知道有些東西是不懂的；我們也常常強調，找出不懂、不會的地方是最大的收穫。

平常複習或準備考試時，就加強把那些錯的題目弄懂。雖然我們不在乎孩子的成績，但是當她們養成把「錯誤本」的題目都搞懂時，成績其實也會不錯的。

平常考時最忌諱亂猜，萬一猜對了，就會喪失真正弄懂那個觀念的機會。一般來說，考試答錯有幾種可能，除了粗心大意、誤解題目之外，很多是因為沒有真正的理解，有時自以為已經瞭解透澈，可能只是硬記下那個題型或現象，只要題目稍加變化就又不會了。

依照我過去讀書到現在學習各種新知識或領域的經驗，我發覺有了「錯誤本」，對於整個學習過程會相當安心，那些錯誤和不會的觀念，即便短時間內沒辦法完全理解，但是當我知道自己只有那幾個地方不懂，就會很放心且有信心地面對其他部分。

有了「錯誤本」，就能有效率地針對有限的習題重新溫習與思考。很多學生都會犯一個毛病——把大量時間浪費在早就會做的習題上，會做的題目反覆重做，不會做的題目卻一直跳過去，這樣永遠學不到新東西，也無法真正增強自己的實力。

「錯誤本」真的很重要，或許我們要再想一下，為什麼要考試？為什麼要做題目？

做題目不就是希望找出自己還不會，還沒有完全掌握的地方嗎？因此，讀書的重點，不是應該放在自己還沒有把握的事物上嗎？

給孩子犯錯的空間

讓孩子一次又一次的嘗試，不要急著給答案，
可以培養他們長大後，即便一再失敗，仍有勇氣走下去的信心。
因為「要成為頂尖中的頂尖，就表示你將在不斷犯錯中前進」。

許多家長一看到孩子的事情做不好，往往會立刻跳出來指導，甚至當學齡前的孩子在玩遊戲或玩具時，也常常要求他們玩得正確。難怪古今中外有無數傑出的藝術家不斷地提醒我們：「每個孩子都是天生的藝術家，只可惜他們的天分都被家長給抹殺了！」

創意就是容忍矛盾的能力，孩子在小時候可以自然而然地接受一切奇怪的、超現實的、不合邏輯的事物湊在一起；反觀大人，只要看到有矛盾，就想找出是哪裡出錯，在追求唯一正確答案的過程中，許多的創意就消失了！更麻煩的是，當大人太注重「對」的要求，孩子一做錯立刻「更正」，也會澆熄孩子好奇與探索的熱情。

教育哲學家皮亞傑曾說：「當我們把孩子可以自己摸索體會的事物，放在課程或設計中教導他們，等於剝奪了他們發現的權利。」十歲以下的孩子必須透過具體的操作來學習新的知識，聽和背只能造就很會考試的孩子，卻無法培養他們主動學習的精神。

對於大一點的孩子也是如此，在這個不確定的世界，面對迅速的變化與龐雜混亂的訊息，如何培養孩子在校正中的學習能力，是未來非常關鍵的能力。我們無法事先教會孩子所有的標準答案，處在變動的世界裡，根本沒有永遠不變的標準答案。如果希望孩子能夠在「嘗試與錯誤」中始終不氣餒，勇往直前，或許要在他們的學習歷程中，多留一些犯錯的空間。

除了課業、知識上的學習盡量讓孩子自己探索，在成長的路上、生活中都要給孩子練習錯誤的機會。有句話說「千金難買早知道」，的確，在人生中，愈早犯錯成本愈低。總覺得現在的孩子ＥＱ很低，情緒管理非常差，或許因為他們缺乏我們小時候放學就在街頭巷尾玩到天黑才被父母叫回家的生活環境，也沒有與鄰居大一點或小一點的孩子們爭執吵架甚至打架的經驗。如果孩子可以自行處理像是即便昨天與鄰居打架，今天仍然能高高興興地一起玩耍，長大在人際關係的應對上，應該也會好一點吧？

在生活中，我盡量給孩子犯錯的空間與機會，除了要她們做家事、幫大人交涉一些事情之外，還鼓勵她們參加社團活動，在團隊合作中學習。參加社團有機會讓孩子從發想活動，進而與人溝通協調，最後共同完成計劃，這是最完整也最可貴的經驗。當孩子從學生時代就能經常嘗試辦活動，自然可以培養出「無中生有」的信心，也會從失敗中體會到難得的經驗。

邱吉爾曾說：「成功就是從失敗到失敗，依舊不改熱情。」給孩子犯錯的空間，讓孩子一次又一次的嘗試，不要急著給答案，可以培養他們長大後，即便一再失敗，仍有勇氣走下去的信心。

美國電影明星湯姆．克魯斯在很久以前的影片《捍衛戰士》中有一句對白：「要成為頂尖中的頂尖，就表示你將在不斷犯錯中前進。」

不管大人或是陪伴孩子成長時，都要時時提醒自己，犯錯不會致命；在學習的路上，我們不是要避免犯錯，而是願意犯錯！

讓腦子保持愉快的狀態

當孩子學會以積極樂觀的態度面對生活，不但運氣會更好，在課業的學習上也會更有效率。

多年來我們家只訂《國語日報》，偶爾會零買《人間福報》，至於其他所謂四大報，只有在週末假日外婆到我們家住時才會順便帶過來。不過，在AB寶放寒假，全家逃離陰濕多雨的臺北市到墾丁度假，在當地的小麵攤吃東西時，順便翻看了各個報紙。

AB寶同時在看總統夫人周美青擔任雲門舞集榮譽團長到美國巡迴演出

的新聞，A寶有點不滿地說：「這個報紙怎麼批評說她在搞神祕啊？」B寶看看手上的另一份報紙回答說：「不會啊，這個報紙說總統夫人很謙虛，很低調呢！」

我趕緊把握機會讓她們思考：「原來發生同樣一件事情，可以說成搞神祕，也可以說成謙虛；就像喜歡一個人，可以稱讚對方思慮周密，行事謹慎；不喜歡時，可以批評對方城府很深、陰險、老奸巨滑……世界上的很多事情，沒有對錯好壞，甚至很多我們以為的事實，只是從我們觀看的角度所呈現的狀況罷了，並不見得是『絕對的事實』！」

孩子上國中後，我就希望引導她們能以更多元與不同的角度來觀看世界，希望她們能清楚而有意識地掌握自己的世界觀，也就是選擇如何看待這個世界，如何體察自己對於生活周遭事物的感覺，選擇要相信什麼，不相信什麼。若是沒有這種體察，很容易忘記原來自己可以控制這些選擇，而如何選擇這些事情，就形成自己的世界觀。

我希望孩子們都能有一個正面積極的世界觀，事事盡量都朝好處想。記得這幾年全世界最暢銷的一本勵志書《祕密》，談的內容與三十年前的暢銷書《人生的光明面》一樣，都是強調心想事成、正面思考的力量。

日本有個知名企業人士發起一個「傻瓜會」，收取相當高的入會費，提供參加者有個表達心中遠大夢想的場所。這群人聚在一起，互相說些異想天開的夢想，規則是所有人都不能否定別人的夢想，哪怕是違背常理，很難實現的夢想，與會者都要對任何夢想給予認同，並且鼓勵對方：「如果是你，一定辦得到的！」

這個發起人認為，幸運的人身邊必定會聚集幸運的人，而不幸的人則會引來同樣不幸的人，這就是所謂的「物以類聚」；幸運的人一定常常告訴自己：「我非常幸運！」常常保持「歡欣雀躍，興奮期待」的心情。認為自己運氣差的人，絕對無法獲得好運，甚至再怎麼努力，幸運也不會降臨身邊。因此，負面思考是讓我們無法獲得幸運的最大原因。

根據研究，幸運的人，「腦」裡總是保持愉快的狀態。所謂「愉快的狀態」，並不是真的碰到好事，所以就快樂；而是無論如何就是要快樂，即便是假裝快樂也可以。

從小我就知道「假裝」的效用，如果自己的形體假裝很愉快，不久，精神上也會變得很愉快。我們都知道情緒會影響生理的變化（如荷爾蒙分泌等），反過來，生理（肉體）的改變也會影響到心理（情緒）。

社會心理學裡有所謂「自我驗證的預言」效應，又稱為「比馬龍效應」（Pygmalion Effect）。比馬龍是希臘傑出的雕刻藝術家，他花了畢生心血，雕成一個少女像，並視之為夢中情人，日夜盼望雕像變成真人，結果感動愛神，賦予雕像生命，讓石雕化成真人。而「比馬龍效應」，簡單地說，就是我們心中如果有預設的立場存在，常會導致這個先入為主的事情真的發生。

在陪伴孩子的過程中，我盡量以身作則，時時保持愉快的態度，引導她們凡事朝正面的角度思考，同時嚴格要求她們不要抱怨，更不可以與朋友互相發牢騷，批評別人。因為抱怨是自己不要的東西，而不是想要的東西。當我們開始抱怨，就是將焦點放在不如意、不快樂的事情上。我們說的話表明了自己的想法，這些想法又創造了我們的生活，這是個惡性循環，也是一種負面的吸引力法則。而且，抱怨是最消耗和磨滅熱情的習慣。

當孩子學會以積極樂觀的態度面對生活，不但運氣會更好，根據研究，在課業的學習上也會更有效率。

善用運動來改善學習的效果

運動除了對於學習效果有立即的好處外，還可以改善各種身體健康指標與減低因壓力而引起的焦慮與憂鬱，並且讓孩子每天的生活更有活力。

雖然每個人都知道運動有益健康，教育部門也一再表達對於臺灣學童體力與各項健康指標不斷衰退的憂慮，大聲疾呼要加強各級學生的體適能；但大部分家長與老師至今還有一個迷思，認為有效果的讀書最重要的是要專心，因為要專心，就必須去除干擾心情的因素而保持寧靜，如果「玩耍」得氣喘吁吁、汗流浹背，就不能安靜地讀書了。

因此，在臺灣幾乎沒有一個學校敢把體育課排在上午第一節課，擔心一早就運動會影響接下來的上課效果。然而，許多研究證明，運動會產生三種激素：多巴胺、血清素與正腎上腺素。這三種神經傳導物質都有助於學生的學習。多巴胺是正向的情緒物質，人在快樂的情境下學習較有效果；血清素可以幫助記憶；正腎上腺素可以使孩子的專注力增強。

美國芝加哥附近有個城市，針對將近二萬個中學生進行一項長期的教育實驗，稱做「零時運動實驗計劃」。志願參加計劃的學生，在上第一堂課前，先進行劇烈的有氧運動，比如跑操場、三對三籃球鬥牛賽或是四對四足球賽，讓他們在短時間就能心跳加速到人體最大心跳數的七成至八成（最大心跳數是二二〇減掉年齡），當然也會大量流汗。

經過長期的監測與各種學業測驗的評比，發現這些學生的成績都大幅進步；研究報告也證明，運動對記憶、專注力和室內上課的行為表現都產生了正面效果；這些學生在身體健康的各項指標，也隨之大幅改善。

這個研究報告在因為全球化競爭造成家長高度焦慮的現代看來，更值得省思。我們的孩子每天坐在書桌和螢幕前的時間愈來愈多，幾乎沒有跑跑跳跳、流汗喘氣的機會，「書愈讀愈笨」或「讀書時間愈多愈沒有效率」的觀察，其實是有科學上的研究與腦神經生理的證據基礎的。

更雪上加霜的是，在學校課程裡上課時數已愈來愈少的體育課，很多時候也不是在做會流汗、會喘氣的運動。一份研究報告描述：「學校的體育課有很多『無活動狀態』，等待輪流揮棒，等待開球，等待足球跑到自己面前，在大部分時間，大部分的孩子多半只是晾在那裡而已。」然而，真正能夠產生運動對健康或學習好處的條件，卻是必須心跳加快與流汗喘氣。

「零時運動實驗計劃」最令人訝異的是，這些才劇烈運動過的孩子，立刻接受專注力、記憶力測驗，甚至面對最討厭的數學測驗，成績都遠勝於沒有運動時的表現。

運動除了對於學習效果有立即的好處外，長期下來，還可以改善各種身體健康指標與減低因為壓力引起的焦慮與憂鬱，並且讓孩子每天的生活更有活力。科學上已證明，運動能夠振奮情緒，提高挫折容忍度、增強免疫系統……對於需要面對遙遙無止盡的課業壓力與升學競爭的孩子來說是很重要的，或許因為不如考試成績那麼明顯，所以往往被家長和老師給忽略掉了。

據統計，孩子們愈來愈不快樂，壓力愈來愈大，又找不到正確抒解壓力的管道，我想，或許跟他們愈來愈缺乏會流汗的運動（或遊戲）有關。

當劇烈運動時，腦內會產生一種腦內啡，這種荷爾蒙可以鎮靜大腦、緩解壓力，產生幸福的愉悅感。

運動還能調節目前所有抗憂鬱藥物所作用的神經傳導物，換句話說，運動是最天然而沒有任何副作用的抗憂鬱藥。

不過，在現今都市建築物密集，大人、小孩都很忙碌的生活環境下，要讓孩子有機會經常運動不太容易，想要透過學校課程讓孩子每天都有出汗的運動，似乎也不太實際。

我的做法是，鼓勵孩子從小參加學校運動型的社團或校隊，透過比賽的需求會天天練習，就可以達到每天運動的習慣。如果擔心籃球、足球這類運動耗費太多時間，也可以參加桌球、羽毛球或扯鈴。

像我的雙胞胎女兒，小學開始就參加學校的民俗技藝社，練獨輪車、轉盤子、舞龍舞獅，還參加扯鈴校隊，每天早自習時都會固定練習。由於這些運動都是有比賽，有進步性的，比較能夠激勵孩子不斷地練習。上國中後，學校沒有扯鈴社團，她們不但對學校提出建議，並且自告奮勇創立社團。前一陣子，她們參加全臺北市扯鈴比賽，還獲得雙人組冠軍。

遇到假日，在家門口小小的空地就可以打羽毛球。我想，只要家長知道運動對學習與健康的重要性，應該可以克服環境的限制，找到適合孩子維持每天運動出汗的習慣。

第三步　澆灌

打造適合孩子的學習環境

文蘊居守則

營造家庭的魔幻時刻

父母可以營造某些情境與空間，透過刻意安排的活動，如悠遊在大自然裡，或是營造一個家庭電影院的空間……創造許多親子相處的美好回憶。

親子關係就像是銀行的存摺一樣，最好把握各種機會，多貯存一些資產，留待孩子進入青春狂飆期或是長大離家產生疏離感之際使用。這些正面能量，並不是父母常常待在家裡陪孩子就能輕易擁有，還需要刻意的營造才有機會。

或許偶爾有某個機緣、某個場景會留存在孩子的腦海中，一輩子陪伴著他們，當他們挫折困頓、憂傷沮喪，甚至感覺世界就要崩毀時，這些浮現腦海的記憶，可以適時地撫慰他們，成為支撐他們繼續前進的動力。像這種親子相處的美好回憶，可以稱為「魔幻時刻」。

有人覺得這些神奇的魔幻時刻是可遇而不可求的，或許真是如此，但我總覺得父母至少可以營造某些情境與空間，透過刻意安排的活動，魔幻時刻比較容易出現。

據我觀察，親子間輕鬆自在，沒有任何目的性地悠遊在大自然裡，不是為了學習什麼知識，也不是要應付學校的作業，只是單純享受微風吹過的感覺，蟲鳴鳥叫的天籟，親子之間深層的談心或許就會出現。另外，若全家能一起溯溪、攀岩，一起面對困境與挑戰，產生同心協力的感受，魔幻時刻也很容易在此時浮現。

至於假日到人聲吵嘈的大賣場，或是擁擠的餐廳、炫目的遊戲場，在那種聲光物質的刺激下，親子之間連好好地講上幾句話都很困難，魔幻時刻更是緣木求魚了！

不過，一定會有家長說，我的孩子快進入青春期了，要找他們到大自然走走，根本是一件困難度極高的事，更何況許多大人本身都沒有這種習慣，該怎麼辦呢？

這裡有個方便自然、成本很低，又很可能產生魔幻時刻的方法，那就是營造一個家庭電影院的空間。只要挑到適當的電影，全家一起觀賞，看完後，父母真誠地分享自己的感受，若是孩子也願意講出他們的感動，這些深刻的心靈互動，就有可能會是彼此的魔幻時刻。

營造的訣竅是，一定要把燈關掉，暫時收起家中的電話，同時必須用單槍投影機打在牆壁或投影幕上，全家一起專注地觀賞。

同樣一部電影，獨自一人在電視機、電腦上看，與全家人共同看大銀幕的感覺大為不同。通常從電視機看，只看得懂劇情；如果是全神貫注地看大銀幕，情感比較容易投射到劇中人物，跟著主角一起哭、一起笑，一起面對生命的困境與選擇，整個情緒會隨著劇中人物而起伏，也比較容易被感動。

有了這種感動的情緒，我們的心會隨之柔軟起來，比較能把自己內心深層的感受說出來。當父母與孩子沉浸在這種氛圍中，彼此有共鳴，也有理解，有分享也有體諒，這不就是所謂可遇而不可求的魔幻時刻嗎？只要挑對影片，好好布置看電影的場地，魔幻時刻其實是很容易產生的。

電影不只可以擴增孩子的學習視野，建立孩子的價值觀，還可以是親子存摺中不斷累積的資產，如果錯失這個既方便又有效的工具，就真是太可惜了！

不看電視有那麼困難嗎？

將電視機擺在家裡是危險的，
必須讓電視裡的影像與資訊成為學習的工具，
而不是打發時間的電視保母。

許多朋友覺得我們家最怪的地方是沒有電視，他們很難想像活在二十一世紀的臺灣，不看電視的人怎麼在社會上存活？怎麼與人往來聊天？

他們問：「孩子不會抗議嗎？該怎麼跟班上同學聊天？不看電視會不會不知道世界上發生的事情？」

沒有電視機，孩子會不會抗議？

微軟總裁比爾・蓋茲在一次訪談中說：「我家沒有電視。如果有電視的話，我就沒有時間把《經濟學人》週刊從頭看到尾了！」的確，每天回到家，我們一家大大小小各自都有非常多想做的事情，根本沒有時間看電視，孩子也從來沒有抗議過。

不看電視，孩子怎麼跟班上同學聊天？

我想孩子們之所以追求流行，附和時髦的八卦話題，無非是想獲得「與同儕一樣」的安全感。若能讓孩子擁有自信心，從其他表現獲得同儕的肯定，就不需要浪費時間追求那些沒有營養又無聊八卦的話題或商品的流行；甚至孩子還可以引領班上同學關注值得投入的話題，如環保或其他公益活動。

孩子不看電視，會不會不知道世界上發生的事情？

有好幾個媒體記者不約而同地問過我，我只是提出反問：「難道你真的認為孩子看臺灣的電視新聞報導就會知道世界上發生什麼事，更有國際觀嗎？」只見他們愣了一下，想了一想，一陣苦笑後無言以對。

臺灣的電視新聞完全沒有辦法讓我們瞭解真實的世界面貌，更無法建構完整的世界觀。不但國際新聞非常少（即便有，也是國際花邊新聞），國內新聞由於SNG現場連線的盛行與濫用，看電視的觀眾只能傻傻地跟著記者看車禍現場、火災現場，或是看政治人物的口水戰。不要說可以認識世界，長期看這樣的節目，思考的深度只會變成像草履蟲般的反射動作，腦袋不變成弱智已屬萬幸。

二〇〇八年召開的中央研究院院士會議，提案通過建議政府和各界正視電視的語言暴力，並希望透過教育來改善。

的確，對於兒童的教養來說，家長總是希望能培養孩子良好的價值觀，溫和有禮的人際溝通，正確的言行舉止。因此，害怕孩子閱讀不良書刊，怕孩子被不良少年影響，在罩下天羅地網的保護傘之際，卻忘掉危害最深的違禁品正堂而皇之地擺在客廳中央。

電視節目不見得會出現真正的色情或裸露的鏡頭，也不至於太把斷手斷腳等血淋淋的暴力畫面直接呈現；最麻煩的反而是衣冠楚楚、人模人樣的典範（對孩子來說，出現在新聞和談話性節目中的來賓，不都是專家，都是典範嗎?)他們表現出來的偏狹,彼此對待的不尊重、不寬容,以及許多價值觀的扭曲,正是殺人於無形的罪魁禍首。

此外,在各類節目中,不管是綜藝節目的主持人、來賓,或是各種出外景的報導式節目,其中表現出來的言談舉止,比如對名牌的羨慕,對女性或其他族群的不尊重……就這麼點點滴滴進入孩子的潛意識,逐漸影響了他們的態度。

電視節目也並非沒有適合孩子觀賞的,但必須經過挑選。我的做法是,寧可專專心心地關燈,全家一起用投影機大螢幕看影片,而不要心不在焉地讓電視占據了家人的互動機會(據研究,家裡的電視開著的時候,人們好像都有在看,其實大多是「無意識」地看)。反正現在幾乎所有值得看的節目都會出DVD(也就是說,值得看的DVD已多到絕對看不完),我們寧可採取主動選擇的態度,不管是對影片內容或是播放時間。

在網路及通訊科技的進步下,要獲得即時訊息已不是問題,媒體快速傳播新聞早已不該是最主要的任務。在每天發生數以萬計、百萬計的新聞中,媒體應該透過選擇與詮釋，讓民眾知道資訊的意義，瞭解新聞背後的歷史淵源與對未來的影響。若以此觀點來檢視臺灣日以繼夜的新聞轟炸，百分之九十以上的新聞（搞不好百分之百）都是不合格的。

除了新聞之外，電視節目看似五花八門熱鬧異常，究其實質，若非空洞就是雷同。電視被專家學者稱為「零度媒體」，意思是電視像變形蟲一樣，可以適應所有的社會階級與環境，並且突破語言限制，它所傳播的訊息特徵是「沒有內容」，看了節目，觀眾只得到一堆事不關己的資訊（假如你碰到一個整晚黏在電視前三、四個小時的人，問他剛剛看了什麼？十之八九的答案是瞠目結舌，想不起來）。研究發現，看電視的民眾平均每分鐘轉台二十二次，也就是每二．七三秒轉台一次。

看電視會養成人們不專注、浮動的心。

看電視是一種被動的接受訊息，心智被凍結。

我們為了放鬆而看電視，反而在看電視後，精神上肉體上更加疲累。

若是希望孩子養成主動求知的精神，將電視機擺在家裡是危險的。當然，電視節目中也有好的影片與節目，我相信值得看的節目都會製作成DVD，在公立圖書館應該可以免費借得到，然後配合孩子的學習進度與自主的時間安排，以主動且專注的心情觀賞這些影片，讓電視裡的影像與資訊成為學習的工具，而不是打發時間的電視保母。

回家之後最先坐的位置

要讓孩子有自覺地去選擇一個好的開始，有勇氣克服過往的「舒適慣性」，家長不妨在環境的塑造上做關鍵性的協助。

根據調查，現在學生上床睡覺的時間愈來愈晚，幾乎已經影響身體健康與第二天上課的專注力與學習效果。

許多家長很疑惑地說，每當要孩子睡覺時，他們會說：「作業還沒有做完！」我想，除了極少數的老師真的會出許多功課之外，大部分的孩子可能是回家後拖拖拉拉，拖到很晚才心不甘情不願地開始寫作業。

要解決這個困擾並不難。

最近看到一本日本作家寫的勵志書，其中提到一個非常簡單的成功法則：「回到家之後最先坐的位置，能決定你的人生。」他認為回到家立刻坐在沙發上看電視，整個晚上的時間很快就消逝了；如果回家馬上坐到電腦前，很可能等到深夜才會關掉電腦。因此，只要控制自己每天回家之後第一個坐下來的位置，就等於你的夢想已經實現了。

無論是面對升學考試的漫長學習過程，或是讀書求知這種幾乎一輩子的事情，不必事先做長期抗戰的心理準備，這樣反而會給自己造成非常大的精神壓力，導致還沒開始做任何努力，就想逃避。

所以，作者強調，只要養成在打開家門的那一瞬間，腦子裡想著：「先坐在書桌前，開始念書，不要求念多久，反正其他想做的事情之後再說吧！」這樣的習慣就可以了！

我非常同意這個看法，做任何事情，最困難的就是踏出第一步的勇氣。有推理小說之后稱譽的克莉絲蒂曾說：「超越的祕密在於開始。」就像物理學上的慣性定律一樣，動者恆動，只要開始，就會慣性地一直動下去；但克服摩擦力的那個起動力，必須相當巨大。

獨自一人騎單車上西藏高原的謝旺霖曾說：「騎車過程遠遠超乎想像的辛苦，但其實更苦的是跨上車座前的那一刻。」

不過，要讓孩子有自覺地去選擇一個好的開始，或者有勇氣克服過往的「舒適慣性」，的確是不太容易的，家長不妨在環境的塑造上做關鍵性的協助。

像我們家沒有電視機也沒有沙發椅，孩子根本不可能一回家就窩在沙發上看電視、打電動遊戲。孩子的房間也沒有電腦，所以也不可能一回家就上網沉迷於虛擬世界或線上遊戲。我們的家居空間規劃，客廳中除了整片的書牆外，只有一張比乒乓球桌還大的超大書桌，這是孩子寫功課和全家工作閱讀的共同空間，臥房單純只是睡覺用的地方。

我覺得改造環境本身，也就是從結構面來處理，是最輕鬆而不耗費心力的。若是周邊有許多誘惑，要孩子控制自己不受到吸引是強人所難，限制是一種負面能量，克制也得耗費很大的心力，有時家長甚至必須大小聲地叮嚀或責罵處罰，反而破壞了親子關係與家庭和諧，非常不值得。

雖然家裡沒電視，但是我們全家常用單槍投影機播放挑選過的影片，一起專心地觀賞與分享討論；遇到有現場直播的重要國際盛事或節目，我們會用數位電視接收盒接上投影機，一樣用大銀幕仔細觀賞。同時，家裡沒有任何的裝飾或擺設，到處都是書，也養成孩子喜歡閱讀的習慣。透過電影、紀錄片與書本，當孩子真心感受到世界的豐富，也會很熱情地養成主動探索與學習的動機，就不會浪費時間在網路上與朋友用MSN說些沒有意義的話了。

不要去限制孩子做我們不喜歡的事，而要用盡心思吸引他們做我們覺得有意義的事。用正面的事物取代負面的事物，而不是一味地禁止，卻找不到有趣的替代方案。

在學習領域裡，情境學習最為有效，在人格與教養方面，環境的塑造是效益最高的投資。建築學有一句名言：「人塑造環境，環境塑造人。」意思是人有能力改變環境，也有機會可以選擇環境，只是人很容易因住久了，逐漸讓環境改變了自己。

最新的腦神經科學與認知行為學術研究發現，環境的影響力不只影響人的個性與行為，甚至連基因也與環境彼此影響而互動改變。環境心理學一再證明，怎樣的環境會塑造出怎麼樣的人。

因此，當我們要求孩子必須專心讀書時，不妨先看看家裡的布置與擺設，有沒有太多讓孩子無法定下心來的誘惑呢？

感謝老師的教誨與家長暗中的協助

孩子的成長過程，需要老師與家長彼此密切的合作，在學校裡，還是以老師為主體，家長再怎麼關心，仍屬於協助的角色，不能喧賓奪主，造成老師的壓力。

記得我的雙胞胎女兒ＡＢ寶從小學畢業時，由於她們就讀不同班級，兩人分別得到市長獎。學校要她們寫一段感言布置在牆面上，問她們要怎麼寫，Ｂ寶愣愣地就朗誦出：「感謝老師的教誨與家長暗中的協助……」

我們一聽，捧腹大笑，「什麼嘛，暗中的協助，好像祕密情報員一樣。」相信老師看了一定也覺得滑稽，只是Ｂ寶仍是一副理所當然的表情：「咦，有錯嗎？」

其實也沒錯，孩子的成長過程，的確需要老師與家長彼此密切的合作，但無論如何，在學校裡，還是以老師為主體，家長再怎麼關心，仍屬於協助的角色，不能喧賓奪主，造成老師的壓力。理論上，在班上同學的眼中，應該是看不到家長，或是「明星家長」的，家長應該隱身在老師的背後，屬於「暗中」的地下工作者。

我相信有兩種家長令老師頭痛，一種是漠不關心，另一種就是太投入，整天提供意見，天天出現在學校。雖然家長若能適時協助老師來塑造班級氣氛，讓孩子活潑且和諧地在班上過著人生中最初的社會化學習，這是很重要的；畢竟小學階級正是價值觀建立之際，同儕互動的影響逐漸會凌駕家長的耳提面命，班級的氣氛是關鍵，既然老師是班上的靈魂人物，老師的情緒是否因為安心而穩定，因為得到肯定而快樂，在在影響孩子的潛在性格發展，這部分在學業成績看不出來，卻遠比課業來得重要。

在臺灣，無論哪個鄉鎮或都市的小學，水準與值得信賴度普遍都很一致，換句話說，讀哪所小學的差別其實都不太大。等到國中階段，應該選擇哪所國中，或哪個類型的國中，似乎就有很多不同的意見。

國中是孩子求學階段最艱困難熬的時期，除了青春期身心成長必然帶來的風暴外，升學壓力也是人生各階段裡最大的挑戰（因為考得好不好，一翻兩瞪眼，不像考大學或研究所，有許多不同的選擇，壓力相對小，年紀也比國中大，較為成熟，承受壓力的能耐也會強一點）。

《教養可以這麼浪漫》是我在孩子小學畢業前彙集陪伴她們成長過程的一些心得與紀錄，書出版後，許多朋友跟我說：「我相信在小學階段還可以照你們的做法來努力，但是我很想知道AB寶上國中之後，你們是不是還能維持教養的理想，很希望你們能繼續分享經驗給大家。」

我知道有許多朋友在孩子上中學後，就棄守教養的責任，因為孩子的功課壓力愈來愈大，休閒時間有限，孩子幾乎「外包」給補習班了，大部分家長對於孩子功課學業上所能著墨的地方愈來愈少。這時候，我覺得父母的角色反而更加重要，要更加用心地安排孩子下課後的生活。

面對未來世界，孩子具備該有的知識，只是最起碼的基礎，真正關鍵的是知識之外的能力。學校課程有結構與體制上的限制，身為家長的我們是改變不了的，每個父母都必須有自力救濟的心理準備，不只是消極地想辦法「彌補」學校教育的不足而已，還要積極地把下課以後的時間，當作完整的教育領域去用心營造與規劃。

這個領域包括想像力、創造力、冒險、獨立自主、溝通協調……等非常重要的能力，我建議家長可以幫孩子組成「共學團體」，找幾個學伴成立課外學習團體，或參加社團活動學會各種大能力。別以為孩子在學校就叫團體學習，那充其量只是跟三十幾個學生同坐一個教室罷了。孩子放學後的課外時間，千萬要好好規劃。跟一群自己的好朋友在一起的「共學團體」，即便只是學習而不是玩樂，過程都會是快樂的。

我們小時候與街坊鄰居的孩子一起長大，經常與不同年齡層的小孩打混磨練，到現在這些條件都不見了，孩子大多被局限在課堂單方面聽課，同學互動變得很難，非常欠缺團體討論和團隊運作的機會。

組成課外「共學團體」，家長的負擔比較小。就時間資源來說，家長不必自己陪小孩，如果有四個家庭輪流，各自負責四分之一的時間是可以容許的；如果要使用外部資源或外聘老師，只要付四分之一的錢，經濟上也比較可以承受。

「共學團體」不但可以節省家長的時間與金錢，還能整合彼此的人脈和資源，享有四、五倍的加乘效果，絕對比一個人單打獨鬥有更多好處。對於家長來說，這是比較容易的自力救濟之道。

該不該讓孩子打工？

工讀把孩子帶到社會的真實現場，化為主動學習的動力。但也如同雙面刃一樣，不注意之下反遭其害，只看家長有沒有好好引導。

過年時家族聚餐，看到許多姪子姪女都上大學或大學畢業，不禁感慨歲月的飛逝。知道讀大一的姪女利用寒假在臺北的影城打工，不免眼睛一亮。因為我從小喜歡看電影，那時總覺得拿著小手電筒，在黑漆漆的戲院裡幫觀眾帶位是最棒的工作，可以賺錢又可以免費看電影。

從姪女口中得知，整個影城有兩百多名工作人員，除了幾名是二十六、七歲的主管外，其他全是十幾歲的工讀生。訝異之餘，除了佩服老闆的精打細算之外，也讚歎他們的管理制度，能把一大群年輕氣盛的小朋友治得服服帖帖的。

我讀大學時曾在圖書館當工讀生，當時每天都在讀書館裡混，不管是中午休息、空堂或翹課，反正有課沒課總會去圖書館裡繞繞，與圖書館的工作人員都混很熟，一有工讀生的名額時，就補了缺。我拿工讀的薪水購買醫學圖書館裡少有的小說閒書。畢業時，就把幾年來陸續購買的書全捐給了圖書館。

在我還是學生的那個年代，麥當勞還沒進入臺灣，便利超商這類連鎖店也還沒有出現，少有按時計酬的工讀機會。現在的孩子則大不同，除了各種行業與機會增加之外，整體收入也較高，花費的時間自然相對提高許多。

因此，現在的大學生有相當高的百分比在打工賺錢，其中當然會有一小部分是因為家境貧寒而邊求學邊工作，但絕大部分是為了多賺點零用錢或增加工作經驗而去打工的。

打工會不會耽誤學業，浪費寶貴的求學時間？甚至不小心交上壞朋友，染上不好的惡習？還是打工可以培養孩子負責任且獨立自主的個性，甚至早一步獲得工作經驗，學用並進？這些矛盾掙扎一定困擾過許多家長。

最近看到不少心理學家對打工影響的研究，發現美國文化中對青少年打工的所有「通俗」看法都是錯誤的。數十年來，在鼓勵孩子獨立自主的美國教育理念下，大多數美國人認為中學生打工是一件好事。

他們認為，打工的錢可以貼補未來的教育費用及家庭開銷，同時可以發展職業素養，使孩子在日後的工作中能承擔更多責任，而且因為已進入社會經濟的體系，會提升學習的積極性。

但是研究結果卻發現，只有非常少數的人，打工的收入是用來貼補生活開銷或教育預備金，大部分人的收入都花在購買比闊的奢侈品或廣告創造出來的「必需品」上，而且絕大多數的打工經歷並沒有為學生帶來教育和提升經驗的效果。更諷刺的是，這些打工經驗反而讓學生對工作更不尊重與反感，從而產生有問題的職場素養。

這讓我滿訝異的，總之，身為家長的人，就得好好引導孩子如何看待按時或按日計酬的臨時工作。

聚完餐，在回家途中，我繼續跟AB寶討論她們堂姊的工作心得，趁機提醒她們：「花同樣時間做同樣工作，你可以機械式地做一件事，也可以同時觀察主管怎麼管理？為什麼要這麼管理？有沒有其他更好的方法？這些工作流程操作手冊為什麼要這樣規定？如果你們可以從所做的工作往上延伸思考，才能從工作中得到真正的價值。假如能跳脫這個工作職位，思考整個產業在臺灣社會所扮演的角色，甚至推理想像在整個全球化世界中的未來演變，就是更寶貴的收穫了！」

工讀的機會可以把孩子帶到社會的真實現場，這種經驗比文字上的認知具有更強烈的情緒影響力，可以化為主動學習的動力。但也如同雙面刃一樣，善用是很好的工具，不注意之下反遭其害，只看家長有沒有好好引導。

幫孩子尋找生命的歸屬

職業的選擇對孩子的未來相當重要，父母必須協助孩子認識不同行業的工作內容，以及所需的準備與個人條件。

最近有一本暢銷書《讓天賦自由》，作者提醒大家要找到屬於自己的生命歸屬，如此才能活出生命的意義，也是人類社會能夠不斷進步與發展的來源。他把每個人獨特的生命歸屬用「天命」這兩字來描述，指的是「喜歡做的事」與「擅長做的事」能夠相互結合的境界。

這兩件事情，表面上看起來好像很容易發現，似乎是理所當然的；事實上，有絕大多數的人，一輩子花最多時間做的事情，往往不是自己最喜歡做的，也不見得是最擅長做的，因此活得不快樂，無法充滿熱情與活力地面對每一天。

我相信每個家長都希望自己的孩子能夠幸福快樂，焦慮的家長愈是想幫助孩子，反而讓孩子離自己的「天命」愈遙遠。我想，這是因為許多父母都有先入為主的觀念，認為孩子必須選擇哪種職業，獲得哪些能力或身分，才能追求到世俗認定的「成功」，反而壓抑了孩子真正的天賦與興趣。

如果孩子從小有特殊的能力與興趣，家長就要從旁引導，並且加深加廣地進入那個領域。如果孩子在求學階段，沒有特定的偏好或傑出的表現，這時候父母有機會就盡量讓孩子接觸更多不同的活動與多元學習，然後有耐心地從旁觀察。

若以務實的層面來思考的話，孩子的興趣或天賦也許可以用一輩子的時間慢慢尋找與發展；但是當他們上高中不久就要選填科系或志願的時候，又該怎麼辦？的確，每年一到考試選填志願或畢業準備找工作時，大部分的家長恐怕都相當傷腦筋，不知該給孩子什麼建議。

家長或許知道要支持孩子的興趣與意願，但假如連孩子也搞不清楚什麼是自己真正喜歡的工作呢？或者即便願意當個開明的父母，放手讓孩子決定，可是孩子很可能受到社會價值觀所左右，只看到職業中光鮮亮麗或接受讚美與榮耀的一面，不清楚每個行業背後所需的準備或努力？

現在有各種性向測驗幫助我們瞭解自己的能力所在，然而每種書面評估都有其限制，就像我們正經八百地詢問孩子喜歡做什麼事時，她們往往一時間也說不出來。

我覺得協助孩子選擇職業時，有兩個指標可參考。

一是**回應內心最浪漫的呼喚**。父母在陪伴孩子成長的過程中，觀察他們對什麼人物典範感到感動，對於哪一類的故事、電影一看再看，這些觸動孩子內心的事物就是他們的熱情所在。每個人對於不同行業的代表人物，喜好與感動的程度一定是不一樣的，家長可以刻意挑選以不同職業為主角的小說、電影或連續劇，陪伴孩子一起閱讀觀賞與討論。

第二個指標是最現實的條件，**讓孩子知道一個行業真實的二十四小時生活**，不是外在的成就，而是從事某種職業者的平常作息，最起碼孩子要能接受那種生活。這是為了避免孩子只看到那個行業的外在或是受到傲人的社會評價所疑惑，不瞭解背後必須付出的代價或真實的工作內容。

工作占據了人們一天大部分的時間與精力，職業的選擇對孩子的未來相當重要。父母必須協助孩子認識不同行業的工作內容，以及所需的準備與個人條件。有了初步的瞭解後，若能再進一步認識各行各業的人，找到可以感動自己的人與職業時，那就是最棒的事了！

藝術欣賞不該是升學的考試項目

美感經驗的啟蒙與藝術欣賞能力的培養，
絕對會是一輩子受用無窮的素養，
甚至可以支撐孩子們度過青春期的情緒風暴。

前陣子看到一則新聞，差一點嚇得昏過去。教育部的藝術教育委員會通過一項提議，在《藝術教育法》的修正草案中，增列條文，要求高中職及大專院校的招生，都應將學生的藝術學習成就納入考量並逐步實施。

教育部表示，如果草案通過，將另訂實施範圍與期程，把藝文成績納入大學甄選、高中職申請入學的評比。有這項提案的原因是，教藝術課程的老師認為，由於藝術不列入升學評比，學生對上音樂課、美術課就不會認真，老師相對不受到重視；反之，若考試會考，學生就會認真看待這門課程。

天啊！若是順著這樣的邏輯推演，學生的品格表現不好，只要加考品德不就解決問題了嗎？

我認為在中學生課業壓力繁重的現在，藝術課程非常重要。以整個人生來看，數學、化學、物理讀得好不好，對大多數的學生沒有太大的關係；但是美感經驗的啟蒙，藝術欣賞能力的培養，絕對會是一輩子受用無窮的素養，甚至可以支撐孩子們度過青春期的情緒風暴。

藝術能影響生命的主要原因來自於感動，感動的產生往往來自心靈的共鳴，這與理智、知識的學習完全不同。若藝術課要列入升學評比，在公平性的要求下，會變成測驗題，勢必讓孩子陷溺在樂理、音樂史或畫家生平中，而離欣賞及生活情趣的陶冶目標愈來愈遠。我可以想見，家長為了希望孩子的「藝術課」考高分，甚至會要求孩子去補習，屆時滿街將會出現藝術課的補習班，無端增加孩子許多不必要的壓力。

藝術課的確很重要，尤其在這個全球化高度競爭的世界裡，每個人或多或少感受到來自時代的壓力。當孩子在真實世界受到挫折，樣樣不如人，或考不到好學校，找不到好工作時，若能擁有精神上的寄託，還能找到安身立命的地方。這種精神上的寄託，就是中學生的藝術課程可以提供給他們生命中最棒的禮物；只要一列入升學考試，這種機會就蕩然無存了。

記得多年前，不知在哪個媒體看到一篇林懷民先生的報導，他提到一個比喻讓我印象深刻，他說他願意當一個在加工出口區辛苦工作的女工，賺著微薄的薪水，住在小小的房間，只要有喜歡聽古典音樂的興趣就好！

我們沒有辦法把孩子放在溫室裡保護一輩子，卻能夠幫助他們開一扇可以抒解壓力的窗戶，幫他們找到可以滋潤生命的活水源頭，音樂與藝術的欣賞，多接近大自然，都是非常有效的方法。

藝術教育對孩子非常重要，若變成升高中、升大學的招生評比，就會變成一場惡夢。藝術老師對孩子的意義，不是因為可以幫助孩子考高分，而是他將帶給孩子一輩子的影響，課堂上的美好經驗也將使孩子一輩子懷念。

帶孩子參加公益活動

讓孩子瞭解世界的真實面貌，參與社會公益的行動，對他們價值觀的形成，生活的熱情，甚至鼓勵學習的主動性，都有非常顯著的效果。

二〇一〇年八月八日父親節當天，臺灣世界展望會在林口體育館舉辦第二十一屆飢餓三十飢餓勇士大會師的活動，我與會長杜明翰在台上對談，討論全球氣候變遷對人類社會、糧食與飢荒的影響。我一邊分享每個人可以如何行動，一邊心中充滿感動地看著台下超過一萬五千人充滿熱情的眼神，其中主要是大學生與中學生為主的年輕人，實際體驗飢餓並以行動參與社區服務。

「飢餓三十」已經成為國際上號召民眾參加全球人道救援很重要的指標性活動，這個活動不但成為許多年輕人參與社會公益服務的起點，也讓許多孩子看見另一個世界。

現代的孩子或許因為處在全球的競爭壓力、父母寵愛與物質豐盛之下，已經逐漸失去對周遭社會與環境的關懷。有一位教育學者曾感慨，許多孩子因為父母疏於生活教育，已成為敗家子：「對人不感激，對物不珍惜，對事不盡力，對己不克制。」

這些孩子往往將自己擁有的一切，視為理所當然，以為自己身處的社會，全世界人也都是這麼過的，卻少有機會體會到，他們只看見十分之一的世界。事實上，全世界只有十分之一的人口，達到與我們接近的生活水準，用我們習以為常的東西，吃我們吃得到的東西。換句話說，全世界有好幾億的人口，每天生活在少於一美元的狀態下。經過近十多年的全球化發展，這十分之九的人口無法再閉關自守，過著自給自足的生活，如今已有十分之九的人口，成為古代帝國時代的奴工。

我們看不見這十分之九的世界，常常假裝貧窮痛苦的人是不存在的，寧願只活在十分之一的世界中。

我們期盼東西愈來愈便宜，也很自豪有能力購買眼前所見一切想要或不想要的東西，卻不願意面對寶貴的自然資源正在不斷消失；而且，只要不發生在自家門口，也沒有興趣關心環境是否遭到破壞的問題。

讓孩子瞭解世界的真實面貌，參與社會公益的行動，對他們價值觀的形成、生活的熱情，甚至鼓勵學習的主動性，都有非常顯著的效果。

我們也不要輕忽孩子的影響力，曾經有一場影響人類現在到未來非常重要的會議，在一九九二年舉行的地球高峰會議中，來自加拿大的日裔十二歲女孩的一段話，感動了世界各國的領導人，也激勵這些有權力者採取行動。她說：「我的國家浪費了很多東西，買了就丟，然後再買過又再丟。這樣浪費物資的富裕國家，根本無法將資源分享給貧困的國家。即使物質充裕，我們卻害怕施捨，害怕失去自己手中的資產。……我雖然還是個孩子，卻很清楚，如果把花在戰爭上的錢，全部用來解決貧窮與環境問題，地球將會變成一顆美麗的星球吧！」

近代美國唯一一個軍人當上總統的五星上將艾森豪，也曾說：「每枝製成的槍炮，每艘下水的戰艦，每發備妥的飛彈，都意味著對那些飢而無食、寒而無衣者的行竊。一個武裝的世界，花的不只是錢，而是勞動者的血汗，是科學家的才智，是兒童的希望。」

我想身為父母的人都會說，我們的所做所為，包括拚命賺錢，你爭我奪，都是為了孩子，讓他們有安全的環境、美好的未來，真是如此嗎？聽聽孩子怎麼說：「……爸媽不斷地告訴我們，該如何在世界上遵守規範。比如，不要互相爭執，要以溝通的方式共同解決問題，尊重他人，弄亂的東西要自己整理，不要隨便傷害其他生物，相互分享，不能貪得無厭。那麼，他們又為什麼做出這些不要我們去做的事呢？」

「父母總是告誡孩子『一切都會順利的』，或是『我們已經盡力而為』，我卻不認為大人還能再用這些話來告誡孩子了。畢竟，大人有將孩子的未來排在第一順位嗎？」

「父親總是告訴我：『你的價值是以你所做的事，而不是以你所說的話來決定的。』可是我卻為了你們這些大人的所做所為在夜裡哭泣。你們總是說愛我們，那麼，請用行動來證明。」

父母在陪伴孩子成長的過程中，不是要孩子照著我們所說的去做，而是根據我們所做的行為形成他們看待世界的方法。因此，帶著孩子參加公益活動，或許是孩子生命中最重要的學習。

著重思考與勞動的大學

這所學院最特殊的觀念是以「思考，勞動，學生治校」為教育宗旨，養成學生做事較扎實，比較能夠面對挫折與關心別人，在思想上也比較成熟。

前幾天到桃園大華高中演講，雖然還在寒假中尚未開學，但是全體教職員已到校備課，除了校長，董事長、董事也都出席與會。演講後，方海龍董事長給我一篇他十多年前發表在《遠見》雜誌的文章，介紹非常特別的美國深泉學院（方董事長曾在此學院擔任董事）。

這所學校雖然成立已近百年，但是我想知道的人並不多，因為據創辦人訂的限制，全校總學生人數不得超過二十六人，而且只收大一、大二的學生，每一屆最多只招收十三人，也就是兩年制的學院。這個規模超小的學院在生活品質、教學等多項評比上，皆優於哈佛、耶魯、史丹佛等名校；在深泉學院念完兩年，絕對都能夠轉到這些長春藤名校，成績都可以名列前茅。

深泉學院最特殊的觀念是以「思考、勞動、學生治校」為教育宗旨。二十六位學生，沒有科系之分，有六至八位教授（大多是各大名校資深教授輪年休假時至此教一年半載）。上午，老師往往只是「討論會」的主持人，鼓勵學生獨立思考與討論辯論。下午，所有學生一律參加勞動，學校附設有農場，除了種菜還畜牧，所有種田、餵牛羊、清豬舍、修理農具、房舍、擠奶、殺豬、宰牛羊……等工作，一律由學生輪流擔任。因為深泉學院認為勞動本身就是一種教育，重要性如同物理化學、歷史地理一般。

學校地點特別選在加州與內華達州交界的沙漠裡，周圍八十公里內沒有任何人煙，即便在四個小時車程內，也是人跡罕至。全校的學生包括教職員一律住校，這是基於「與世隔絕以便於深思」的考慮。同時，考慮到學校畢竟不是修道院，長期不與外界接觸也不好，因此以每兩個月為一期，每期上課六或七週，就放一到三週的假期，讓學生到別的地方旅遊或回家探親訪友。

這所學校只招收男生，所有的學雜費、食宿費全免，新生的入學資格由學生組成的委員會審查通過。事實上，所有學生生活的管理、學校治理，都由全體學生討論後投票決定，落實百分之百的學生治校。

從這裡畢業的學生，由於長期群體生活，習慣勞動，因此做事扎實，比較能夠面對挫折與關心別人；而且因為課程進行時著重思辨與討論，在思想上也比較成熟。

看了方董事長的這篇報導，非常羨慕，也很訝異世界上真的有這樣一所大學，雖然臺灣不可能出現這種學校，但是從這個近百年的「實驗」可以證明，求學思辨、勞動、合群溝通，應該是學生的養成過程裡，三大主要內涵。反觀我們的孩子，一天二十四小時的課程與生活，幾乎全都集中在記憶背誦這些很快就會被淘汰的知識，連思辨的能力都談不上，更遑論勞動與群體互動的訓練了。

身為家長，我們能做的或許只能彌補學校課程的不足，在下課後或假日中自力救濟，盡量讓孩子有機會接觸到這些重要卻欠缺的學習。

第四步　展翅

建立孩子面對未來的能力

上海世博讓孩子看見世界

身為全球化時代的家長，
有責任把孩子帶到世界的面前，讓他們自由自在地探索，
甚至必須敢於放手，讓他們獨自去闖盪與冒險。

早在二〇一〇年三月，就決定暑假陪國二的雙胞胎女兒去參觀上海的世界博覽會。

於是四月份段考結束，她們開始陸續收集資料，規劃行程，在討論哪個國家參展的主題是什麼的同時，也順便為暑假後升上國三的世界歷史與世界地理課程預先做準備。

五月一日世界博覽會開幕，這場歷史上規模最大，花費最多經費，參展國家與組織最多的盛會，吸引媒體不斷報導。有不少親戚朋友好心地勸我們說：「聽說參觀的人數太多，要排隊好幾個小時才能進入展館參觀，值得去跟一大堆人湊熱鬧嗎？」

面對這樣的質疑，我信心滿滿：「在五平方公里的園區裡，共有三百多個單位（包括一百九十二個國家，五十個國際組織，十八個企業，八十個城市），將近二百棟超大的展覽館，媒體報導需要排隊的一定就是那十多個熱門單位，絕大多數的展館是不用排隊的。這次的博覽會又是歷屆以來離臺灣最近，展示內容與語言也是唯一全中文化的一次，孩子的學習效果應該是最大的。如果錯過，實在很難再找到類似的機會了。」

陪孩子到世博會，讓孩子能夠親臨現場，感受人類最天馬行空的想像力以及創意無限的設計。世博會的主題往往也反映各個時代人類關注的焦點，以極具未來性，同時包裝成能引起孩子興趣的酷炫、趣味或感性的方式呈現。這種身歷其境的體會，相信在他們往後的學習上會有潛在的助益。

除此之外，我們也想藉著這次的旅行，訓練孩子獨立探索的能力。從開始的收集資料、規劃行程，到抵達上海機場，該如何搭乘地鐵到旅館、安排住宿，到世博會場的參觀動線，一切都由孩子們出面接洽與帶領。身為父母的我們站在孩子身後，絕不出言干涉，偶有狀況也會等事後再與她們討論：「或許這麼溝通或這麼選擇會比較好一點？」

同時依照慣例，這次旅行我們分別請雙胞胎女兒每人各邀一位好朋友同行，四個人比較有伴，也會比較勇敢，在做決定時討論會比較周全，這也是我們一慣採取的「共學團體」的理念。

大概因為她們可以自己做主，可以互相激勵，又事先研習過資料，所以精力充沛地滿場飛奔。每天一大早開園前就去排隊，玩到趕最後一班十一點的地鐵回旅館，甚至有一天是到將近晚上十二點，園區要關門才出來，只好搭計程車回來。

我們花最多時間參觀的是幾乎不用排隊卻最有內涵的城市實踐區，也是這屆世博會的主題——「美好的城市，美好的生活」。等傍晚大批人潮散去後，才到熱門的國家館參觀，於是原本在白天要排隊三、四個小時，我們頂多只排三、四十分鐘。

為了這些不得不浪費的時間，我事先準備了許多名言佳句，在排隊時拿小凳子圍坐著，做些解說與導讀。

在數十萬人的會場中，居然碰到好幾組朋友，他們對於我們兩個有點年齡的中年人跟在四位美少女後面急行軍，覺得很有趣也很羨慕。我指指在會場到處可以見到的六千名大學志工制服背面的兩句話：「世界在你眼前，我們在你身邊。」

身為全球化時代的家長，有責任把孩子帶到世界的面前，讓他們自由自在地探索，甚至必須敢於放手，讓他們獨自去闖盪、冒險。父母只要讓孩子知道，當他們有需要時，父母就會在身邊；在具體操作上，也應該要退後幾步，在孩子的後方注視著他們，陪伴著他們。

我發現周遭敢於主動放手的家長並不多，總是東擔心西掛慮的，甚至永遠幫孩子打點所有的事物，幫孩子決定一切。在過度保護之下，孩子沒有機會練習，到後來也沒有勇氣嘗試。

跟隨著孩子旅行，父母站在後面，讓世界在孩子面前開展，或許是父母與孩子共同學習與成長的起點。

從環境變遷看孩子的未來競爭力

未來世界會變成什麼樣子，沒有人知道。
我們必須重新定義孩子必須具有的能力，
不單只是知識和技巧，反而要著重價值觀與態度。

這些年來，包括臺灣在內，世界各國不斷檢討與調整各自的教育內容與制度，但似乎都找不到確切的答案。

我想，原因大概是我們已身處於大實驗的時代，複雜、高速、跨國界的空前巨變，沒有法規可循，也沒有前例可引導，這種環境的快速變遷，對於大多數人而言，已超過個人可以理解和承受的範圍，這也是造成家長在陪伴孩子學習成長過程中焦慮的主要來源。

在這種斷裂的時代，或許正如英國史學家霍布斯邦所說：「人類若想要有一個看得清楚的未來，絕不會是靠過去或現在的延續達成。」但每個人都讀過書，都受過教育，往往會不自覺地將自己的經驗套用在孩子的身上。然而家長做學生已是二十年前的事了，用當年的觀念與教材教現在的孩子，卻期待孩子面對二十年後的挑戰，如此大的時間落差顯然是不切實際的。

經濟學大師凱因斯曾說：「發明新觀念並不困難，而是難在舊觀念裡跳脫出來。」這是對父母很大的提醒，換句話說，以我們過去到今天所學的知識，並不足以應付未來。

那麼，什麼是孩子面對未來競爭所需具備的能力呢？

我認為，二、三十年後的世界，可能有兩種完全不同的發展與面貌。

觀點一，未來如同此時此刻的現在一樣，世界是平的，全球化的競爭加劇。

面對現階段的全球化競爭，學校的課程早已沒用，因為這些課程是針對

十九、二十世紀的工廠需求所設計的，培養的是一致化的人才；老師的主要任務是教書，讓每個畢業生具有規格化的知識，適合生產線使用。現在社會的需求強調人才的多元差異，重點應該從教書轉換到教人，老師的角色不只是給予正確答案，而是要讓學生成為學習的主體，鼓勵他們發揮思考力與創造力，從實務經驗中探索世界，包括做志工、參與社團活動、實習、做交換學生、從事國際交流……以及更多的社會關懷與公共參與，從中獲得足以面對挫折的信心與勇氣。

這種從實際經驗中獲得調整自己，迅速適應新環境的能力，可能是面對全球化競爭真正的能力。

經建會曾經根據時代變遷，提出五大就業能力：跨領域能力、獨立思考與創新能力、國際溝通能力、吸收新知與技術能力、人文關懷素養。投資大師羅傑斯在寫給女兒的信中建議，除了必須辨認出時代的改變，並擁抱改變之外，也要研讀哲學，學會思考。

另有趨勢大師提醒，重視知識、分析、邏輯的資訊時代已退位，改由重視創意、整合、設計與同理心的理念時代登場。換句話說，所有的產業，終將成為藝術創意產業，任何產品要與別人比功能，比價錢，早就不是優勢，反而是要會說故事，能感動別人的產品才得以勝出。

觀點二，未來在氣候變遷與石油即將消耗殆盡的後石油時代的影響下，世界經濟將走回區域或部落經濟，在地產業與綠領工作興起。

面對後石油時代，高漲的運輸成本勢必會大幅度地逆轉過去二、三十年來全球化運輸體系所支持的貿易自由化，產業將回歸到區域化，也就是人類生存的基本需求，尤其是糧食等高重量、低價格的日常用品，勢必回到在地能夠自己自足。因此，未來絕大部分的工作，包括食衣住行育樂，一定會轉變成綠領工作。

在這個多變的時代，很多事情都沒有答案，未來世界究竟會變成什麼樣子，也沒有人知道。我們必須重新定義孩子必須具有的能力，不單只是知識和技巧，反而要著重價值觀與態度。

父母無法陪伴與教導孩子一輩子，因此養成孩子自律的習慣就很重要，如果能讓孩子擁有學習的主控權，他們才能產生自發性的學習，無論未來世界如何變化，我們也無須焦慮了！

如何讓孩子具有國際觀

在國際觀的培養上，我覺得最便宜也最有效果的方法，是挑選適當的影片和紀錄片與孩子一起觀賞，體會不同國家孩子的想法。

二〇〇九年有幾場大型的國際比賽在臺灣舉行，高雄的世界運動會與臺北的聽障奧運賽，我們全家除了一起觀賞精彩的開幕典禮之外，就讀國中的女兒還被分配到比賽現場為不同國家的選手加油。她們看著各式各樣的旗幟時，會競賽般地猜測是來自哪一個國家，位在哪裡，有什麼特色？

這些年隨著全球化的進展，「地球村」已經不再是形容詞，而是真實的情況，每個家庭幾乎都有些親戚朋友住在國外，或因為工作需要經常到世界各國出差。在孩子的學習領域中，具備國際觀也愈來愈重要。

因此，經濟能力許可的家庭，除了利用寒暑假出國旅行，還會想辦法送孩子出國去開開眼界；以前大概是高中、大學才會有的外國交換學生機會，現在有不少焦慮的家長，往往在孩子才上小學時就逼著他們參加遊學團或國外的夏令營。

不管什麼方式的旅行，包括和家人度假式的休閒，甚至到此一遊拍照留念式的觀光，孩子多多少少都會留下一些印象與收穫，若希望孩子因此「更有國際觀」，就未免是太沉重的期盼了！

我認為所謂「國際觀」，並不是讓孩子認識幾個國外著名的景觀或建築物，也不是參加一些夏令營，和國外的孩子一起在營隊裡玩遊戲，或者一大群臺灣去的孩子到國外教室上幾堂英文課，就能有更開闊的視野。

國際觀也不只是知識上對外國的首都、物產、人口如數家珍，甚至即便讓孩子讀著與外國學生一樣的教材，也不見得孩子就能具備國際視野。該如何把可以背誦的知識，變成孩子實際生活中的體會，這種與生命經驗及情感的連結，才是讓孩子改變與主動學習的動力。

我通常會利用生活中的機緣，比如看看周圍有哪些親友曾經到哪個國家，就請他們與孩子分享；新聞時事、學校課程中提到哪個國家，就找與那個國家或民族有關的紀錄片來看。

因為有效的學習一定要先引起動機，學習內容若是與平常生活有關（比如自己的親戚朋友），或是能激發孩子的感情或情緒，如此一來，學習的內涵不僅較深，記憶也較持久。

在國際觀的培養上，我覺得最便宜也最有效果的方法，是挑選適當的影片和紀錄片與孩子一起觀賞。

從各國影片的欣賞中，自然而然讓孩子們看到不同地區的環境、不同民族的文化習慣，還有不同國家的孩子們所面對的不同問題。這樣才有機會體會其他國家孩子的想法，像這樣知道別人怎麼想，也能瞭解他們為什麼會這麼想，才是真正的國際視野。

只要稍加留心，很多地方都可以租借得到這些影片，比如一般影音租售店，或是許多公共圖書館，除了書之外，還有許多影片可供借閱，包括坊間不容易租到的紀錄片或教學片。善用這些免費的公共資源，家長不用花錢也可以讓孩子擁有國際視野。

像達文西那樣全方位的學習

必須培養孩子創意與跨界的能力，學習達文西的創造與勇氣，才能準備好面對未來，迎接未來。

全國的教師與家長對於二〇一〇年八月底舉辦的全國教育會議抱有相當大的期待，因為上一次十多年前的會議，開啟了臺灣的教育改革，當年結論的主軸是鬆綁，希望解決學生升學的壓力，於是廢除聯考，改成多元入學，同時也決議廣設大學。

當年所追求的方案雖然已陸續完成，想要的最終目標卻沒有達成，為了鬆綁所做的規劃，十多年下來，學生的壓力不但沒有減輕，反而更加沉重。原因很多，或許其中有一部分來自於近年全球化競爭的加劇，讓每個家長都焦慮異常，害怕孩子輸給別人，無法放棄對考試分數的重視，冀望孩子能考上明星學校，確保未來的競爭力。

但是，知識與學歷真能確保孩子未來的發展嗎？美國趨勢專家品克在《未來在等待的人才》一書說：「由分析、邏輯與知識建構而成的資訊時代，慢慢從世界舞台退場。緊跟著粉墨登場的是以創意、整合、設計與同理心取勝的『感性時代』，因此，缺乏藝術涵養與整合能力的白領知識菁英，漸漸受到第三世界低薪白領階級的影響。反而這個時代最搶手的，是遊走於不同領域的跨界通才，要為這個時代所用，就必須興趣廣泛，善於自我反思、好奇、適度冒險、有毅力，且樂在其中。」

隨著時代改變，身為家長的我們以及傳統思惟卻沒有隨著調整，甚至我們的教育是否將一個富有創意、興沖沖愛玩的孩子，變成充滿負擔、僵化，只會考試、背標準答案的學生？

該如何培養創意與跨界的能力呢？

或許可以從古今中外最著名的跨界天才——達文西的幾個特質來探索。有人稱他是人類尋求理性與感性合一的理想，他在科學與藝術上同時具有偉大的成就，留下了許多的筆記與紀錄，被後人詳細研究，歸納出七項「達文西特質」。

首先是好奇。達文西對生活充滿無窮的好奇，這種想瞭解、想學習與成長的渴望，是知識、智慧與發現的原動力。

再來是實證。從經驗中求證知識的真假，並使頭腦掙脫種種的習慣和成見，願意從錯誤中學習。

第三是感受。善加利用自己的各種感官能力，追求真實且生動的經驗。

第四是包容。能夠接受模糊與矛盾，並且在不確定的情境中保持開放的態度。這種能力在巨變的時代尤其重要，因為沒有人確定未來會變成什麼樣子，也沒有人能保證什麼方法一定能成功；在一切都不確定的情況下，還是要做決定，努力地往前走。

第五是全腦思考。在科學與藝術，邏輯與想像之間平衡發展，以全腦進行思考。

第六是儀態。就是培養優雅的風範，靈巧的雙手，健美的體格與大方的舉止。換句話說，除了重視精神心靈，也要照顧到身體的健康與發展。

第七是關聯。要能夠瞭解、體會萬事萬物和所有現象都是相互關聯的，也就是能夠系統性思考。達文西能有如此傑出的創造力，最重要的祕訣是，他終身都在練習著把互不相干的元素結合起來，使它們產生關聯，形成新的模式。

所謂跨界的能力，指的就是從看似無關的領域之間，找出彼此的關聯，看出事物的關係和模式，這也是電腦無法取代人腦最關鍵的能力。

父母陪伴著孩子，希望能給他們最好的教育，無非是希望他們在長大後的未來世界能發揮所長，貢獻社會。因此，家長一定要瞭解未來世界的模樣，面對複雜、高速、超國界的變化，不管人、社會、國家，都要不斷重新思考自己的定位。處在這個空前巨變的大實驗時代裡，沒有確切的規則可循，也沒有前例可以引導，每個人都必須學習達文西的創造與勇氣，才能存活下來。

孩子要面對的是一個充滿不確定與挑戰的世界，他們需要哪些能力和視野，才能準備好面對未來、迎接未來，這是身為父母與師長必須重新想像與學習的。

從社團獲得未來關鍵的能力

在社團活動中，讓孩子從構思一個計劃，到溝通協調、找資源找幫手、然後把它完成，對孩子的信心與韌性的養成，都是無可取代的。

面對著每天寫不完的作業與考不完的試卷，即將基測的雙胞胎女兒有點羨慕學弟妹們還能快樂地參加社團活動，不過她們很快就鼓舞自己：「沒關係，等明年上高中，又可以參與活動了！」

這些年，家長、老師們也因為不確定的未來，在焦慮之餘，無視教改與鬆綁學生壓力的政策，反而變本加厲地逼迫孩子考高分，以為掌握現在的成績優勢，就可以贏得未來的競爭。我覺得，情況或許剛好相反。

在全世界高等教育人才大量膨脹下，擁有亮麗學歷與證照的人，已經滿街都是。以為有好學歷就可以獲得好工作做到退休，這樣的時代早已過去，未來勢必會是一個以專案工作為主的社會型態，也就是這三個月與一群人合作完成某個案子後就解散，下半年又得跟一批不認識的人共同完成另一個任務。

即便在同一家大公司工作，我想，跟同一群人，每年做一樣的事情做到退休，這樣的時代大概也一去不復返了。

時代變動超快速，我們的孩子必須習慣「在模糊中前進，在不確定中下決定」。換句話說，若在求學過程中養成只會背標準答案，只會快速填寫答案，卻不會思考，也不懂思考，更不能體會在多元的世界中，原來只有不同的立場，不同的觀點，而沒有絕對不變的答案，像這種只會考高分的人，也許反而欠缺未來最需要的想像力與創造力。

因此，除了擁有專業能力與技術之外（滿街的人都會），孩子是不是能夠很快速地理解別人、傾聽別人，很清楚地表達自己的意見與想法，反而是未來存活的關鍵能力。

此外，孩子有沒有主動積極的熱情，遭遇挫折不氣餒的韌性，也是在未來高度競爭社會能夠勝出的基本態度。

偏偏這些未來最重要的關鍵能力，比如懂得思考，具有想像力與創造力的多元觀點，溫暖體貼且懂得傾聽與表達的團隊合作能力，在不確定中前進的勇氣與韌性……等素質，在目前臺灣的教育體制與考試壓力下，是不可能養成的。

我的彌補之道是讓孩子參加社團，不管是學校社團或公益團體（如荒野保護協會），讓孩子有機會與一群年長或年幼一點的同伴，一起活動，一起學習，共同完成某些任務。

在社團活動中，尤其有機會讓孩子從構思一個計劃，到溝通協調、找資源、找幫手，然後把它完成，無論過程是否順利，這種「無中生有」的經驗，對孩子的信心與韌性的養成，都是無可取代的。

聽到老師或家長只要孩子好好讀書考高分，不要「浪費」時間在「課外」活動上，我覺得非常可惜，因為那些「課外」，才是孩子真正該學習的課程啊！

念書不是為了考試，而是為了未來的選擇

在知識產出如此快速的時代，
學習應該不再是「個別知識」的背誦，
必須調整成最基本能力的養成，個人素養與求學態度的建立。

安藤忠雄是日本當代最傑出的建築師，二〇〇七年他曾經到臺灣演講，以日文講專業的題目，聽講的人不是建築師就是藝術工作者等高度專業人士。猜得出他在什麼場地演講嗎？

答案是——臺北小巨蛋。幾萬人擠著聽他的演講，好像熱門搖滾巨星開演唱會一般，可見得他在國際上是如何的受人尊敬。

安藤忠雄這輩子的最高學歷，說出來恐怕會跌破大家的眼鏡，他從日本大阪府立城東工業高校的電工科畢業，沒有能力再考大學，於是開始打雜工賺錢，當過貨車司機與職業拳擊手。他從小就喜歡欣賞建築物，對於光影與設計結構非常著迷，因此工作之餘的所有時間，都用在充實這方面的知識。他想盡辦法到世界各國旅行，到現場觀摩各種偉大的建築物。對建築的熱情，支撐他面對一切的困難與挑戰。學歷不高的他，憑著努力，在四十多歲就聞名世界。

生活在臺灣，我們從小就被師長耳提面命：「認真讀書，成績好才有機會考上好學校，考上好學校讀好科系，才能找到好工作。」我們以為往後一輩子的工作是否幸福快樂，全繫於大學學測或指考的成績，花費所有時間在準備考試的科目，其實世界上有很多國家，並不是都像我們這樣。

大部分國家並不是所有想升學的人都考同樣的測驗，視成績高低再統一分發；而是想讀哪所大學、哪個科系，各自去申請，沒有統一的分發標準。比如荷蘭，這個在全世界各種競爭力與教育指標總是名列前茅的國家，他們的中學畢業生想上大學，不是看任何成績，而是用抽籤的。即便想讀醫學院當醫生，也是從申請的學生中公開抽籤，決定誰可以入學。

至於中學必修科目，也不是臺灣熟悉的國文、英文、數學、理化……歐洲有許多國家的中學必修邏輯學，也就是哲學；新加坡規定每個中學生畢業前必須讀完原著版本《紅樓夢》一至四十回。

念書絕不是為了考試，而是為了增加自身能力的眾多方法之一，也可以說，念書是一種工具。

工具的創造都是為了解決人類的不便而產生的。在生活中會想得到許多東西，甚至只要活著，就必須依靠別人提供許多東西，所謂「一日之所需，百工斯為備」，若是沒有這些人，我們根本沒辦法自在舒適地過生活。

因此，我們必須拿東西與別人「交換」，才能獲得食衣住行育樂種種的生活必需品。這種「交換」的過程，是用雙方都認為適當的份量，來交換對方擁有的物品中自己想要的，通常習慣用「錢」來當作衡量的標準。當然並非只能用錢交換，以物易物，或用抽象的價值來交換物品都是可能的。一般而言，我們到公司上班，就是拿自己所有的（即公司想要的勞動力和時間），去交換公司擁有的（自己想要的「金錢」和「安定」）；我們所付出的成本與獲得的金錢，要依公司與我們雙方都認為適當的份量。

念書可說是為了擁有更多能力並且可與別人做更好交換的工具，簡而言之，念書是用來增加未來選擇的工具。比如與高中畢業就進入社會工作的人相比，大學畢業的人工作的選擇範圍應該大得多。

換句話說，學習的目的在於增加自己的能力，讓自己被別人需要，也就是用自己的能力貢獻社會，幫助別人，與別人交換自己所需要或想要的東西。

課本或考試的知識，只是所有的「能力」中微不足道的一部分，在全球化競爭及知識產出如此快速的時代，進大學所學的任何知識，恐怕一畢業，就會被淘汰；未來在職業場上謀生所需的工具或技能，恐怕現在都尚未出現，顯然我們沒有辦法「學」現在還「不存在」的東西，因此學習應該不再是「個別知識」的背誦，必須調整成最基本能力的養成、個人素養與求學態度的建立。

這種能力就是想像力與創造力，是主動求知的熱情，具有高度團隊合作與溝通協調的個性。在知識取得如此簡單以及資訊爆炸的時代裡，知識早已不再是力量，真正的力量來自於創造，創造來自於想像。

當我們斤斤計較一分、二分的考試成績，不知不覺就會養成凡事追求標準答案的習慣，同時也無法忍受「模糊」與「不確定」。只能有單一答案的僵化思考，這正是想像力的一大殺手。當我們只能從黑白分明的資料中下判斷時，就喪失了未來世界必須在「模糊中前進」、「不確定中做決定」的勇氣。

失去這些必須在求學與性格發展階段中培養的能力，長大後就算是拿到博士學位，顯然也不會更有競爭力。由於知識的普及，過多的大學院校造成人才過盛，再加上全球化競爭的推波助瀾，只要開得出條件，任何學歷與經歷，符合資格的人到處都是，能在生涯或職場上存活或勝出的人，除了看得到的專業能力，也必須具有主動積極與熱情的生活態度。

就像安藤忠雄，從小懷抱著夢想，有了夢想，生活中處處都是機會，而不是壓力與挫折。

夢想與「找個好工作賺大錢」這一類的目標不同，夢想是一種向上向善的願景。夢想並不是可以計量的成就，也不是經由管理手段可以達到的目標。

夢想可以指引出一個方向，讓我們在遭遇挫折或各種意外時，還可以滋生出不斷前進的勇氣，不致於偏離內心深處真正的想望。

不過，要確定到底什麼是自己的夢想，有時候是不太容易的。因為有許多事情我們似乎都喜歡，也有能力做得不錯；父母、長輩也常會說「做什麼事對你比較好」，我們就逐漸分不清楚什麼是夢想、什麼是目標了。

我認為，每個人心中真正的夢想是，當聽到或看到某些前輩在他們那個行業或領域的努力時，心裡非常感動，這種感動，就是你的夢想所在。

夢想，雖然似乎很抽象，隨著自己年齡愈來愈大，反而覺得夢想是生命中最實在的東西。若是把夢想養成信念，就是實踐的力量。只要是夢想，就算耗費多少心力也不以為苦，它是充滿興奮和喜悅的，能夠讓我們走上更過癮、更充實、更精彩的人生旅途。

從「是什麼」到「為什麼」？

家長一定要常常自我提醒，
快速追求唯一的標準答案會嚴重限制孩子的思考力，
平常生活中就要找機會讓孩子保有更豐富，更寬闊的想像。

學校開學後，AB寶開始忙著準備科學展覽，兩人一邊上網查詢資料，一邊討論著實驗流程。她們讀小學四年級時，學校的自然老師規定全年級每個人都要找同伴分組，交科學研究報告，再從大家的作業中挑選出優勝的組別代表學校參加全臺北市的比賽。

大概是AB寶沒有補習也沒有上安親班，時間比較多，第一次做科展就入選，從此激起她們的興趣，從那時一直到國二，她們每年都有機會代表學校參加比賽，我也跟著去參觀這些中小學生的得獎作品。看完後真是嚇了一跳——臺灣中小學生的科學水準居然這麼高?!

原來在多元入學的目標下，不管是讀高中或考大學的推甄名額愈來愈多，會參考學生各種不同能力的表現來加分。也因為如此，家長想盡辦法鼓勵孩子參加各種比賽，連帶著各種補習班或家教因應而生，所以科學展覽有「職業性」的槍手在做個別輔導，似乎也不足為奇了。

到底孩子參加這類科學（或論文）比賽，家長、老師或專業的槍手幫了多少忙？這種檢討「科展是誰做的」的聲音，在美國中學裡也有。其實不要說科學展覽，連平常的作業，有多少是家長幫忙捉刀代筆的？恐怕許多老師都心知肚明。

臺灣的孩子很會考試，在國際上各種競賽評比的成績都非常優秀，但是往往那些考輸臺灣的學生，進入大學研究所後，創造力或研究能力似乎比臺灣的孩子強！我想，這其間的落差，大概是臺灣的孩子從小就在不斷訓練下變得非常會考試，能夠用最快的速度解出標準答案。

然而，想像力與創造力需要的是多元思考，能夠跳脫標準答案的限制，找出最多的可能性。在快速答題的訓練中，養成孩子只重視追求「是什麼」的習慣，久而久之，就不懂得問「為什麼」，也沒有耐心與好奇心去探索「為什麼」背後的宇宙萬象了！

自從進入資訊時代，知識的取得已經沒有成本，重要性相對降低，反而是創造力與想像力變得愈來愈重要。

要孩子保有創造力與好奇心，不需要去找教創意或科學的補習班，關鍵在於家長平日與孩子的互動裡，有沒有注意到一些習慣，比如鼓勵孩子發問。臺灣的孩子上小學後，幾乎就喪失了發問的習慣，一定要想辦法讓孩子恢復這個能力。當孩子提出問題，大人不要立刻把答案說出來，只要熱情回應：「我不知道，不過，我們可以一起討論與找答案。」

我們也可以多多鼓勵孩子猜想答案，或是編造出可能的答案。科學的精神在於解釋，給一個好的、合理的說法，而不只是單純知識的堆積。所謂

「解釋」就是設法替觀察到的現象賦予意義，其實也就是給一個合理或好玩的故事。

同時要注意到，在討論科學問題時，不要脫口說出「對」、「很好」，如果是一般的鼓勵，絕對沒有問題；但對於科學探索而言，這些讚美等於暗示討論已經結束，有了標準答案。家長可以用「那真有趣！」「哇，我以前沒有這麼想過呢！」或是再多問一些問題，多提一些看法，讓討論持續下去，才會產生更多的想像與新的可能性。

家長一定要常常自我提醒，快速追求唯一的標準答案會嚴重限制孩子的思考力，在平常生活中就要找機會讓孩子保有更豐富、更寬闊的想像。

想像力與創造力的根源

大人不一定要給孩子標準答案，反而應該協助孩子探索更多的可能性，因為標準答案的獲得是學習的停止，可能性才是想像與創造的起點。

六〇年代，讀建中卻拒絕聯考的吳祥輝，在近年的著作中曾這麼提醒大家：「創新和勇氣早已遠離臺灣校園，臺灣的教育讓孩子失去獨立思考的能力。學生時代失去的能力，長大後就算是拿到博士學位，也絕不會變得更聰明。」

我想，大部分關心臺灣教育的家長，都會同意這一段話。有位著名的生理學家曾如此感嘆：「學校教導孩子夠多的事實，讓他們停止發問；而那些學校教育沒有成功的人，卻成了科學家。」

臺灣的孩子最大的問題，就是讀得太多，想得太少，只會答題，卻不會想像。

臺灣考試制度的最大毛病，就是把人教會，卻也把人教不敢了——不敢去想像，不敢「浪費時間」胡思亂想與嘗試各種不同的可能性。

未來的世界需要有創造力與想像力的人，單單背誦考試能得高分的既成知識，對未來職場的高度競爭一點幫助也沒有。由於知識不斷在產出更新，你能獲得的既存知識，別人一樣也可以獲得，愛因斯坦在數十年前就說：「想像力比知識更重要，知識會受限，想像力卻可以包含全世界。」

我們自小信奉的名言：「知識就是力量。」隨著時代的變遷，也必須重新定義知識的價值。知識在現代，頂多只是材料，是鋼鐵，只有想像力才能讓它變成器具或武器。真正的力量不是來自於知識本身，而是來自於從知識衍生的創造。

而創造源自於想像，就像法國物理學家龐加萊所說：「科學是靠事實所建立的，正如房子是用石頭砌成的，但一堆事實稱不上科學，就如一堆石頭稱不上是一幢房子。」

那麼，家長如何培養孩子的想像力與創造力呢？

曾在美國柏克萊大學教創意的國內知名藝術家賴聲川說：「創意就是出題目與解題目的歷程。」創造力包括態度和能力，態度就是旺盛的好奇心，以及願意思考與探索的欲望；能力就是能夠找到方法去嘗試與驗證。

曾是慈濟大愛電視台創台台長，出版過談創意的書，成立有關創意的公司，也是國際知名的建築師姚仁祿說：「創意是鬆綁大腦的過程。創意必須重新思考，再次驗證，亦即創意的源頭就是鬆綁大腦。」換句話說，創意來自於矛盾，沒有矛盾，就沒有問題；沒有問題，就不需要創造，因為創造就是解決問題的過程。

因此，家長與老師想要培養孩子的想像力與創造力，一個最有效且具體可操作的方法，就是想辦法讓孩子敢發問（這是態度），而且能提出好問題（這是能力）。

讓孩子有能力提出好問題，在現今的臺灣教育體制下，不管是在教室或家庭生活中，是不被鼓勵的。雖然理論上，老師知道要鼓勵學生多發問，但是孩子如果真的敢在課堂上不斷發問，相信很快就會變成老師眼中的「問題學生」，經常會被請到辦公室開導。家長往往也沒有時間好好引導與回應孩子的問題，通常會為了節省時間而快快地給出標準答案。

事實上，我覺得大人不一定要給孩子標準答案，反而應該協助孩子探索更多的可能性，因為標準答案的獲得是學習的停止，可能性才是想像與創造的起點。

想像是心靈探索事物可能性的力量。要讓孩子走出日常生活的現實，方法很簡單，只要時常引導孩子思考：「如果……會怎麼樣？」大人要有耐心，不管是哪一類問題，要多給孩子一些時間思考；或是多問孩子問題，多提供一些想法，讓討論繼續下去，讓孩子想像出更多的可能。

提醒家長，不要擔心是否有能力回答孩子的問題，也不要過於關心回答的是對或錯，只要關心孩子的每一個問題，重要的是回應的態度，而不是答案，如此才能真正啟發孩子的好奇心，讓孩子滿懷熱情地探索這個世界。

哪些是孩子的必修科目

學會能夠不斷學習的能力，有高度的韌性與挫折容忍度，甚至是樂觀積極的態度，兼具「能力」與「態度」並重的素養，也許才是孩子學習與成長歷程中真正必修的科目。

最近（二〇一〇年）因為臺北縣政府打算在小學週三原沒有排課程的時段，加上三小時的英語活化課程，而引起軒然大波，反對與支持的聲浪都有，依著不同的立場與觀點，似乎各有其理由與根據。

同樣是在最近，《環境教育法》三讀通過，強迫各級機關與學校，每年都要上四小時有關環境教育的課程，所有的輿論幾乎都贊成此一措施，可見得近年受到環境變遷的影響，已經迫使我們不得不關注這個議題。

記得幾年前，我以行政院永續發展教育組召集人身分在教育部開會，商討如何推動永續教育相關課程時，教育部次長抱了一堆資料向與會委員抱怨，所有團體都希望在學校課程綱要內加入他們所關心的議題，不管是環境、兩性平權、民主及媒體素養……每個新領域似乎都很重要。原來的各個科目，比如國文等，又喊著說時數太少，大家又不希望讓孩子的負擔太重，希望多留下一些空白，讓孩子有自由發揮的時間，這麼多互相矛盾的要求，究竟應該怎麼做？

的確，不管是教育主管機關、家長或老師，面對全球化高度競爭與快速變化的世界，孩子究竟該具備哪些能力，該上哪些課程，家長應該如何引導孩子學會真正重要的東西才足以應付未來的生存考驗……是近年來最困擾家長的問題。

有時候還滿羨慕歐洲有許多國家的中學必修邏輯學（哲學），臺灣的孩子即便科學知識非常豐富，卻往往欠缺科學精神，有時候連大人也缺乏最基本的邏輯判斷，講話經常顛三倒四、矛盾百出，不知道這是否和求學過程中完全沒有受邏輯訓練有關？

我也非常好奇，為什麼新加坡可以做到規定每個中學生畢業前，必須讀完原著版本《紅樓夢》一至四十回？對號稱深受中華文化薰陶的臺灣人而言，我相信也未必有多少人看過《紅樓夢》。這使我不得不佩服新加坡的勇氣，將《紅樓夢》列為必修，認為這本書是進入華人傳統文化與人情世故非常好的讀本。

每個國家對基礎教育課程的內容安排與臺灣相同，都是經過許多專家的討論才能定案施行，同時不斷因應時代的變遷而做調整。不管訂出多少宏偉的目標與詳盡的檢驗指標，無非是希望每個學生具有適當的能力回應未來世界的需求，以及具有主動積極且熱情的態度，去面對不確定且愈來愈模糊而快速變遷的世界。

因此，學會能夠不斷學習的能力，有高度的韌性與挫折容忍度，甚至是樂觀積極的態度，這種兼具「能力」與「態度」並重的素養，也許才是孩子學習與成長歷程中真正必修的科目。

那麼，到底孩子還需要學習哪些科目呢？

我想，這沒有標準答案，我也不相信能夠建構出一套舉世通用的最佳課程。我們也不能把責任外包給學校或補習班，學校的課程基於必須量化或檢視的要求，勢必會趨向具體的知識性課程。然而我們也很清楚，在這個變動迅速的時代，各個學門與產業、典範轉移淘汰的速度非常快，我們又該如何學習現在根本就不存在的東西？

回歸到孩子成長過程中最根本的人格特質與生活習慣的養成，或許是父母可以給孩子最重要的競爭力基礎。同時，若能讓孩子對宇宙萬物的神奇與奧妙有所感動，比較有機會激發孩子對知識追求的熱情。有了積極主動的學習態度，就不必擔心孩子未來是否有能力找到適當的工作。

當然，如果家長行有餘力，也要讓孩子懂得表達自己，傾聽別人，善於與人溝通，能夠與人合作，具有團隊精神。否則即便能力再強，學歷再好，與人互動不良，恐怕也很難在未來普遍會採用的專案計劃執行的工作模式中存活下來。

因此，討論必修科目的關鍵，不在於增加哪些科目，或是時數要多加幾個小時，而是如何在每個課程的學習中，引導孩子具備未來需要的能力與態度。

啟發孩子的慈悲與同理心

教育孩子擁有一顆能理解別人，同理別人，為他人設想的心，反而能提高子女未來的競爭力。

自從八八水災（二〇〇九年）的畫面出現在新聞媒體，就讀中學的AB寶看到許多災民的遭遇，就一再地催促我們將她們存在銀行的壓歲錢統統領出，直到帶著她們親自把錢交到在災區服務的宗教團體義工的手中，她們才不再反覆叨唸。

十幾年前發生九二一震災時，她們年紀還太小；小學時發生印尼海嘯、四川地震，她們很慷慨地將平日辛苦積存的零用錢與壓歲錢捐獻出來。這樣的表現，使得平時常消遣她們節儉到幾乎算是吝嗇的我，不免刮目相看。

其實，孩子天生就具有慈悲心，如同孟子所說「惻隱之心，人皆有之」。但是，在日常生活中，我常看到許多孩子對人不感激，對物不珍惜，自私又自我，到底為什麼會這樣呢？

我想，全球化的競爭壓力或許是主要原因，許多家長面對不確定的未來，以及似乎愈來愈難找的工作機會，不免希望孩子從小能在各種競賽中有好的表現。當師長只看重孩子最終的成績，讓孩子以為只有贏過別人，才能獲得家長的鼓勵與歡心，久而久之，就會養成自私自利的價值觀，甚至會對別人的痛苦與失敗幸災樂禍。

不過，我認為未來的世界已和過去不同，只爭取好成績、好學歷，不見得會在職場上有比較好的出路。未來的世界是專案工作型態的社會，需要的人才必須跨領域與其他團隊合作。因此，教育孩子擁有一顆能理解別人、同理別人、為他人設想的心，反而能提高子女的未來競爭力。

如果不談競爭或找工作等現實功利的面向，家長教育孩子的最終目的，不是希望孩子有個快樂、幸福的人生嗎？如果子女能合宜的展現體貼、仁慈的特質，相信人緣一定比較好，與他人相處也會比較愉快，即使一生成就平凡，也會生活得快樂自在。

培養孩子的同理心或慈悲心，不能光說不練，也很難用課堂上的教材或考試測驗來檢視，只有從具體的生活實踐、社區參與和社會關懷中養成。有些父母不免擔心，孩子有那麼多的功課要做，那麼多的才藝班要上，哪還有時間呢？

我反而覺得，當孩子對社會的關懷和付出愈多，他們將發現世界原來是那麼的大，更會主動地探索求知，並從實踐中體悟生命的意義，進而明白讀書是為了增進自身能力，服務奉獻。

當孩子擁有正確的價值觀，瞭解讀書、追求學問，並非為了自己的功名利祿，而是為了蓄養能力、開發智慧以便具體落實關懷時，他們不僅不會因成績挫敗而沮喪（學習的目的是服務他人，而不是追求分數），甚至會有更強烈的動機用功讀書。

讓孩子具備溫暖、體諒、關懷別人的人格特質，對於人際溝通與協商能力的培養，也是一種助力，以下有三種方式可培養孩子的同理心。

方法一：帶領孩子觀察他人情緒。

如果競賽獲得冠軍，父母除了共同分享喜悅外，試著提醒孩子觀察其他參賽者的情緒。孩子經由觀察別人的感受，瞭解到自己的反應可能對他人造成的影響，進而有更柔軟的同理心；並在應對進退間，學習顧及他人的感受。

方法二：要求幫忙、參與家事。

父母要求孩子參與家事，或請孩子幫忙時，不僅可以讓孩子體會大人的身心狀況，在過程中，孩子也會發現自己有能力去照顧別人，而學會給予、付出關心。

方法三：陪孩子一起閱讀書籍與觀賞電影。

勾起孩子閱讀小說的興趣，或挑選好的電影、日劇，陪孩子一同欣賞，也能培養孩子的同理心。父母需想方設法讓子女喜歡看小說，且是看有深度人性刻畫與情緒描述的讀本，孩子藉由閱讀，將情感投射到書中的主人翁裡，感同身受。

挑選優質、熱血的電影，陪孩子一起看，是另一個好方法。與子女一起專注看電影，能讓孩子融入電影氛圍中，與劇中人物共嘗喜怒哀樂，共同面對生命困境的選擇與挑戰，並克服難關。觀賞電影時的情境感受，將成為孩子未來面對真實世界，感受不同際遇生命（例如肢障者、被霸凌者）的同理來源。

綠領工作是未來僅存的工作機會

面對後石油時代，未來的每個工作，都會轉變成綠領工作；每個人都必須思考與定位自己的專長與工作，重新學習新的知識與能力，以免被時代淘汰。

美國前總統柯林頓曾說：「承諾一個乾淨能源的未來，我們可以創造許許多多的新工作。」歐巴馬在金融風暴中就任總統時，也宣布將傾全力投入低碳社會的建構，並且認為將創造出無數的新綠領工作。

聯合國在最近的報告中指出，光是太陽能、風力和生質能產業，到二〇三〇年將增加兩千萬個工作機會。美國的研究也指出，到二〇三〇年美國每四個工作者，就有一位會是綠領工作者；臺灣則預估，綠領從業人員將有百萬人以上。

面對後石油時代，每個國家如何掌握自家資源，並且生存在低碳的社會，將變成國家永續發展的關鍵。

我們可以預測，未來的每個工作，包括食衣住行育樂，一定都會轉變成綠領工作；換句話說，綠領工作是未來僅存的工作機會。每個人都必須思考與定位自己的專長與工作，重新學習新的知識與能力，否則很快就會被時代淘汰。

歐洲已通過將要求能源使用產品的生態設計，美國即將草擬能源清潔法案，要求進口產品必須列舉碳含量（碳足跡），超過標準則課徵高關稅，甚至禁止進口。

對於建構低碳社會，首先要從檢視日常生活與工作對能源使用的狀況開始。這些年出現一個新興熱門行業，即能源技術服務，主要的工作是協助客戶節約能源，並用客戶省下的電費來支付改善空調效能的支出。也就是說，企業不必花錢購買新設備或支付新空調系統的費用，而是用省下的電費折抵這些設備與技術的服務費用，創造雙贏。

的確，節能省能是一門好生意，省能所創造出來的能源與開發新的再生能源同樣重要。

國內從事能源技術服務最久的是綠色生產力基金會，近幾年台達電子文教基金會正在積極培訓相關的專業人才。二〇〇九年臺北縣政府也在社區大學開課，培訓低碳規劃師，協助社區規劃，執行自己的低碳目標；並與綠色生產力基金會合作，成立社區低碳診所，有減碳醫師駐診，配備一百多種儀器，免費為一百戶以上的住宅社區把脈開藥方。兩年來，低碳醫生已診斷過一百八十多個社區。

臺灣現階段可以吸納最多就業人口的，大概是強調健康永續的綠色新農業，這也是臺灣農業未來的出路。目前的有機農業，只占總耕地百分之二不到，而化學肥料是溫室氣體最重要的來源，如何全面轉型將是努力的目標。

另一方面，行銷綠色農業需要更多專業，要突破既有產銷體系的龐大結構，就必須由知識來引領，打造一個農村的資訊平台，把新的專業知識、資金與社會人脈帶進農村。

目前眾多的休耕農地，是否能夠用來生產生質能源，比如油麻菜籽、向日葵、大豆等高含量的植物，其中的油麻菜籽與向日葵有著壯觀的黃色花海，還可以促進在地的觀光旅遊呢！相對於石油，生質能源取之不盡，燃燒產生的二氧化碳與其他空氣汙染，又遠低於石油與媒碳。

除了飲食，住宅的改善也將需求眾多的綠領工作，綠建築所需材料的發明與生產，從建築物的外面到裡面，大大小小的材料、設備，從硬體到軟體，充滿無數新的可能，也需要非常多不同層次與種類的人才投入。

比如，是否可以利用結構與設計的改變降低對能源的使用？主張藍色經濟的比利時科學家鮑利，成立零排放研究創造基金會，認為當下的綠色經濟是用生物學來解決環境生態的瓶頸，但在生物界，凡事都有例外，並不符合商業的真正需求。而藍色經濟是以物理為基礎的解決方案，物理學一切按著定律運行，例如熱空氣往上走，蘋果熟了往下掉，結果可以預期，也符合商業的廣泛使用。

鮑利觀察到高高立在地上的白蟻窩，不管外面是熱是冷，蟻窩始終保持攝氏二十六度，濕度六十一度，不需用任何耗能設備。牠們是怎麼做到的？答案是利用物理定律，熱空氣往上流動，白蟻利用許多通路來控制空氣流通。

另外，鮑利也發現，斑馬黑白相間的條紋交互作用會產生氣流，可以讓身體的表面溫度降低攝氏十度。白色會反光，可以降溫；黑色會吸光，可以增加表面溫度。所以，白條上方的空氣比黑條上方的空氣涼，黑條的熱氣上升和白條的冷空氣交互形成壓力差，就會產生氣流。

像這樣不用化學物料，不必消耗能源的設計方式，有待各種領域的人才去發現與設計。更重要的是，除了蓋新的綠建築，對於數以千萬倍舊建築物的改善，更需要眾多綠領的專業人才去施作。

低碳社會除了建築物外，還有整個都市規劃的重新調整與改善，亟需大量的人才，甚至營造人與自然相處的空間，也需要很多生態研究與解說人員。

再加上我們日常使用的任何產品，都必須重新設計。這些綠色生產、綠色產品設計，都是新的綠色商業，也都需要新的人才。比如，我們需要全新的觀念來從事任何產品的設計，美國建築師麥唐諾與德國化學家布朗嘉就提出「從搖籃到搖籃」的理念，相對於從「搖籃到墳墓」，也就是商品使用後就丟棄的形態，提倡產品在設計之初就考慮到能夠讓產品再度使用，是另外一個產品生命週期的開始，不會產生任何不必要、無法處理的廢物。如同大自然一般，所有東西都是循環的，在數十億年生生不息的自然生態體系中，沒有任何廢物的產生；一個生命的死去，是創造另一個生命的來源。

面對劇烈變化的世界，我們需要用全新的思惟與全新的人才應付未來的挑戰。但我們在綠領人才的培訓上，卻遠遠跟不上世界的需求，因為綠領人才最重要的是跨領域與異業整合的能力，以目前臺灣學校教育的結構，實在很難培養出這樣的人才。

我們必須非常努力，因為時間真的不太多了。

第五步 開闊

啟發孩子的寫作力與閱讀力

20世紀史
THE CIRCLE OF LIFE
PEOPLES OF THE WORLD
HILFIGER
est 1985

是掰文？還是作文？

當孩子對世界好奇，對生活充滿熱情的時候，作文就是一種快樂的分享，不再是痛苦的測驗。

「爸爸，作文是不是該叫做『掰文』？」就讀中學的雙胞胎女兒，接連幾天看到認識的朋友、同學，在報章雜誌的徵文與學校的作文比賽得名的作品，她知道其中描述的場景或事件是虛構的，於是有一點疑惑又有點不服氣地這麼問我。

我很清楚地告訴她們，在小學或中學時所寫的「作文」，基本上是散文，不是虛構的創作小說，寫散文不用勉強區分為記敘文、抒情文或議論文，基本上就是寫自己的心情，如同蔣勳老師所說「有點直見性命的況味」。有風格的散文，應該是文如其人，甚至不覺得是在讀文章，反而像是面對面地聊天，從文章中可以看到一個人的性情與風格。欣賞散文不在於作者的文字技巧，而在於他的情懷與胸襟氣度。

「可是，為什麼他們虛構、亂掰的作文都可以得名、拿高分？」

「先不要管他們的成績是高分或低分，我問你們，到底為什麼要寫作文？」

雙胞胎老大A寶想了一想說：「因為作文是溝通與表達能力的基礎，在現代的世界，溝通的能力很重要。」

B寶接著說：「寫作可以訓練邏輯推理的能力，對閱讀的理解力也有幫助。」

聽了她們的回答，我稱讚完後提醒她們，寫文章真正的意義是，邀請大家加入自己內心的體會，雖然表面上只不過是與別人分享一些個人的經驗與感觸，但若我們真誠地寫每一篇文章，其實也是把自己的情感，甚至是靈魂都融入其中了。一旦記錄下來，當時的剎那感觸就變成永恆，可以分享，也可以被轉述，最終的目的是，讓讀到文章的人以及自己，產生新的體會，對世界能有一個新的認識。

「換句話說，寫作的意義是希望用筆改變世界。」

AB寶聽完我的說明，驚訝地張大了嘴，A寶還是有點疑惑：「有意見想發表時，也許會像是你說的，想說服別人，想改變世界。可是老師出的作文題目，有時候我們根本沒有感覺，還必須在很短的時間內寫完，恐怕就沒有那麼偉大的意義了，那時作文又有什麼作用？」

「沒錯，目前你們是學生，還在學習，所以老師會出各式各樣的題目讓你們練習，我可以用一些比喻來描述一篇文章產生的過程。假如你看了一部電影很感動，非常想跟別人講；或是你被別人欺負，想寫一篇文章來申訴告狀，因為你已經有滿腦子的情感與意見，也就是所謂不吐不快，這時候把它寫成文章，就稱為『胎生』。假如老師出一個你從來沒有想過的題目，而且硬要你在一定的時間裡孵出一篇文章來，這就叫『卵生』。

「另外有一種是『卵胎生』，也就是別人給你一個原本沒特別意見的主題，但是你設身處地去揣摩相關的情境，甚至特地花時間去經歷那個主題所需要的場景，於是擁有自己的體會，這時可以稱為卵胎生，也就是卵（題目）是別人給的，但是你卻蘊育出屬於自己真正且獨特的生命。」

要讓孩子寫作文不瞎掰，能夠有真誠意切的情感，恐怕就要讓他們在日常起居作息中，有「真正的生活」，比如做家事、流汗運動、玩耍、與朋友一起遊戲，以及從各個角度接觸豐富的世界。

有些朋友會說：「我們很忙，沒有空讓孩子有這麼多元的學習時該怎麼辦？」

我想，最好也最低成本的方法，就是培養孩子閱讀的習慣，就像教育哲學家杜威所說：「讀書是一種探險，如探新大陸，如征新天地。」

不過，閱讀的培養是有一點門檻的，需要比較長期的訓練，另外一種對任何孩子都很有效的方式，就是看電影。影像可以引起最直接的情緒反應，只要挑對影片，再經過家長適當的引導，精彩的電影也可以是擴增孩子視野，增進孩子感受力非常好的工具。

當孩子對世界好奇，對生活充滿熱情的時候，作文就是一種快樂的分享，不再是痛苦的測驗。

閱讀是終身學習的基礎

閱讀攸關國家與個人的競爭力，
閱讀是心智發展的關鍵因素，
也是所有學習的開始。

以前我們會稱讚一個人「活到老，學到老」，似乎是很難得的努力精神，但現在「終身學習」已是在社會上工作謀職、生存的最基本條件。社會的變化與各種產業的替換率太快，每個人只有不斷地學習新的知識、新的技能才得以勝任工作。

對於家長或老師而言，想要協助孩子能夠面對未來世界的競爭與挑戰，養成孩子喜歡閱讀的習慣是很重要的基礎。喜歡閱讀，自然就會看很多書，書看得多，閱讀能力在無形中自然而然提升；同時，因為書看得多，知識範圍領域比較廣，無論遇到任何新的科技或工作，學習效率自然也會比較好。

或許，這是閱讀能力重新被教育單位看重的原因吧。

近年來，臺灣正如同世界各國一樣，積極地推動閱讀運動。OECD（經濟合作發展組織）在學生評量計劃報告中指出：國家最大的投資，應該放在國民閱讀能力的建立。可是臺灣參與國際的學習評比，在二〇〇七年十二月份公布的成績中，相對於數學科學的優異表現，閱讀能力的名次不高，甚至落後年年到臺灣觀摩取經的香港，引起了社會普遍的關注。

美國從柯林頓總統時代就非常重視閱讀，一直到現在，閱讀能力的評比仍然是全美國所有小學最重要的學習指標，從國家整體力量到學校及社區，用盡所有方法，就是要養成孩子閱讀的習慣。

講得嚴重一點，閱讀攸關國家與個人的競爭力，閱讀是心智發展的關鍵因素，也是所有學習的開始。隨著閱讀，寫作能力也能夠提升。根據研究，在所有的測驗中，具有最準確預測力的項目就是作文，這個成績可以預測學生進大學後的表現。二〇〇二年三月，美國大學委員會（可能類似臺灣當年的聯招會）決定從二〇〇六年起，大學入學測驗要加考二十五分鐘的作文。影響所及，現在美國大部分的高中生每星期都要寫一篇作文，測驗時間也是二十五分鐘。

不過，有些學校在刻意推動的閱讀運動中，以學習單一的書寫形成一種評比的指標，反而喪失閱讀中無所為而為的樂趣。一些企業或基金會所推動的閱讀活動，最後也往往流於活動，而喪失閱讀的本質——那種沉醉於書中，獨自於天地間往來的個人心靈冒險。

怎樣培養孩子的閱讀興趣？我想必須從結構與典範做起。

所謂結構，就是在生活環境如家居布置中以書為主。比如我們家沒有電視或電視遊樂器等吸引孩子注意力的東西，卻到處都看得到書。

所謂典範，就是要以身作則，如果父母在家的時間都在看書，孩子大概也會喜歡看書吧！

要讓孩子主動閱讀，能否引起他們的閱讀興趣很重要。

我的方法是，在孩子不同的成長階段，先挑選適合她們程度的不同種類或領域的書（可以先向圖書館借），偶爾加入一些比她們現在程度還難一點的書混在其中，讓她們自由閱讀。若是她們對某一類書有興趣，再因勢利導、乘勝追擊。一方面保持她們閱讀的興趣，另一方面也要注意提供她們多元接觸的機會。

所謂因勢利導，有可能是孩子曾參加某些活動，接觸某些機構或課程，或是老師上課提到，或是在家裡看到電影相關的國家或主題……孩子已被勾起強烈的好奇心時，再順勢介紹相關的書籍給她們看。這種隨機，並不是隨便，誠如作家張讓所說的：「在每一個階段，我們讀到的就是我們自身，或是我們將會成為的那種人，或者欲望。」

因為閱讀而改變人生的《馭風男孩》

這個十四歲男孩，憑著在小學圖書館找到的科學教科書，努力自學，居然拼湊出一個風力發電機，不僅轉動他更大的夢想，也改變他的人生。

孩子放下手中的書，歎了一口氣，我趁機問她們：「看完《馭風男孩》，有什麼感想啊？」她們不約而同地回答：「他實在太厲害了！」

這本書的作者是非洲馬拉威的年輕男孩，九年前非洲乾旱，天災加人禍，這個當時才小學畢業的十四歲男孩，在沒水也沒電，有一餐沒一餐的艱困環境之下，雖然家境貧困無法繼續讀中學，因為強烈的求知欲，他在小學的圖書館找到一本來自國外捐贈的中學科學教科書，從裡面看到渦輪發電機的照片；他另外還找到一本《物理學釋疑》，其中有許多照片與圖示解釋發電的原理。憑著這麼少的資料，他努力自學，嘗試動手做，在垃圾回收場找材料，居然拼湊出一個風力發電機。這個發電機，不只帶給他的家照明燈光，也轉動了他更大的夢想，改變了他的人生。

整個故事都是以一個非洲孩子的眼光與角度所寫成的，非常生動有趣，也因為真實而分外動人。多年來，不時在各種媒體報導中看見非洲，不管是描述當地的貧窮苦難、瘟疫戰亂，或是把非洲當成飛躍進步中的新興市場，總覺得隔了一層，缺乏真實感。然而這本書的作者在最後所描述的或許是他們真正的心聲與希望：「我和同學談論要創造一個新非洲，一個領袖輩出、而非處處皆是受害者的地方，一個充滿創新、而非依賴別人慈善施捨的家鄉。我希望我的人生故事，能觸及到那些試著提升自己和社會的兄弟姊妹，在他們對於自身的窮苦環境感到氣餒時，知道他們並不孤單。只要團結合作，我們就能幫助他們像我一樣，跳脫命定厄運，打造更美好的未來。」

書中引用了美國黑人民權領袖金恩博士的話：「如果你無法飛翔，就用跑的；如果無法奔跑，就用走的；如果走不動，就用爬的。」這段話也是作者的親身經歷，他利用身邊極為有限的資源，懷著改善家庭生活的強烈動機，一步步地想辦法解決問題，終於完成心願。

孩子看了這本書，除了讚歎作者的厲害，在對比臺灣與非洲之餘，一定也會產生惜福感恩的心情吧？作者用許多篇幅生動地描述他很想上中學，由於家裡繳不起學費，他如何偷偷摸摸地上課，最後仍是被趕出學校，幸好他發現附近的小學裡居然有個房間有一些國外捐贈的書籍。有書就可以自學，也因為這些書，他才有信心著手努力，並且改變家人的觀念。

這一段是最令我感慨的地方，對於資源有限、文化刺激不足的弱勢族群的孩子而言，閱讀是使他們超脫環境限制，改變生命最重要且最有效益的方法。

無論在任何時代、任何地區，閱讀始終擁有巨大而神奇的力量。要讓孩子擁有閱讀習慣，有二個條件，第一是**要有書**，第二是**讓他們喜歡閱讀**。

「要有書」理論上應該是最容易達成的目標，但即便是在臺灣，仍然有過半數的鄉鎮圖書館，近幾年完全沒有編列任何購書預算，學校圖書館的藏書經常也得依賴家長或地方善心人士的捐款，才有機會購置新書。

至於如何培養孩子喜歡閱讀的習慣，我想除了社會上許多公益團體與志工的付出之外，學校老師應該把這個目標當作最重要的使命來努力。

一個喜歡閱讀的孩子，代表他對周遭的社會是有感受的，對世界是好奇的，對未來是有憧憬的，這種對生活的熱情與想像，是孩子往後面對世界的動力來源。因此讓孩子喜歡閱讀，遠遠比考試多會幾題更為重要。

提到學校與閱讀，就想到學貫中西的幽默大師林語堂在《讀書的藝術》建議：「假定上海光華、大夏或任何大學，有一千名學生，每人每期交學費一百元，這一千名學費已經合共有十萬元。將此十萬元拿去買書，由學校準備一間空屋置備書架，扣了五千元做辦公費（再多便是罪過）。把這九萬五千元的書籍放在那間空屋，由你們隨便胡鬧去翻看，年底『拈鬮』分配，各人拿回去九十五元的書。

「只要所用的工夫與你們上課的時間相等，一年之中，你們學問的進步，必非一年上課的成績所可比。現在這十萬元用到哪裡去，大概一成買書，而九成去養教授，及教授的妻子、教授的奶媽，奶媽又拿去買奶媽的馬桶，這還能說是把你們的『讀書』看成一本正經事嗎？」

當然，林語堂是略帶開玩笑的提醒，但也的確令我們反省，是否有太多的教育資源是錯置的？家長花在孩子身上的許多時間，是否也是見樹不見林，甚至適得其反？

從《波西傑克森》與《阿凡達》看神話與自我認同

這些看似高潮迭起，引人入勝，精彩無比的冒險過程，正隱喻了少年孩子在成長階段中最關鍵的自我認同的追尋。

雖然平常我們都是在家裡用投影機放映在牆上看影片，不過最近特地帶孩子上戲院看《波西傑克森》與《阿凡達》這兩部電影。

看完之後，我問孩子：「除了特效科技表現的形式之外，這兩部電影有什麼不一樣？」A寶說：「《波西傑克森》主要是講希臘神話裡的人物。」B寶接著回答：「《阿凡達》是科幻電影，想像未來可能發生的事情。」

由於平常她們比較少看科幻小說或科幻電影，我特地解釋了一番：「表面上看起來，科幻電影好像是在預測未來可能發生的情況，其實作者主要的動機與用意是防備現在，也就是批評或擔心現在的某些狀況，若是放任現況繼續發展下去，將導致某些災難的發生。」

我繼續跟她們分析，為什麼推薦《波西傑克森》這系列以希臘神話為主體的小說給她們看。因為西方文化的來源，主要出自於古希臘與羅馬，現今西洋文學、藝術，乃至於一般民間生活習慣與典故，幾乎都與希臘、羅馬的神話有關。若要欣賞西方的美術雕刻、文學作品，對這些在奧林帕斯山上錯綜複雜的眾神彼此間的關係不熟悉，是很難欣賞的，甚至也很難進入西方人的精神生活。一直到今天，歐洲許多國家的中學生都還必修希臘神話，這些神話中描述的人物及他們鮮明的愛恨情仇，也都成為西方文化中各種象徵與性格的原型。

基於這樣的「認知與學習」觀點，在孩子上國中之前，我就嘗試找一些有關希臘神話的書給她們看，可是她們大部分都看不下去，有的書即便勉強看完，仍然無法理解希臘眾神複雜的恩怨情仇。在她們看來，希臘眾神的想法有點莫名其妙，他們的行為不可理喻，所以那些情節與人名總是看過就忘記。

直到《波西傑克森》這一套精彩刺激的奇幻小說出現，才真正讓孩子看到這些希臘神話裡的人物，彷彿幾千年的時空距離完全消失了，這些天神與凡人所生的混血人，真的就在身邊，讓我們跟著這些混血人與古老的諸神面對面，打倒層出不窮的妖魔鬼怪，陪伴著青少年主角的喜怒哀樂而一起緊張或興奮。

主角是個在凡人眼中注意力不足的過動症患者，同時患有閱讀障礙。他跟著媽媽辛苦的生活，與哈利波特一樣，發現自己的詭奇身世，也成為怪物的獵殺對象，他也是預言中的神界救星。

這些看似高潮迭起、引人入勝、精彩無比的冒險過程，正隱喻了少年孩子在成長階段中最關鍵的自我認同的追尋，因為作者以第一人稱敘述，全書充滿了青少年特有的叛逆與幽默搞笑。這個成績不好，不討人喜歡的孩子，雖然衝動，卻很勇敢又坦率，總是很倒楣卻懂得苦中作樂。劇情緊湊，卻又很搞笑滑稽，這些情節能夠引起孩子的共鳴，因此書中包含的家庭關係、朋友之間的信任、對未來夢想等學校所謂生命教育的重要課程，在不知不覺中就傳遞給孩子了。

AB寶非常喜歡這系列的小說。打鐵趁熱，我又介紹了許多本屬於華人的神話小說給她們看。

每個民族都有屬於自己的神話與傳說，這些神話與那個民族獨特的宗教、歷史與文化發展息息相關，蘊含許多先民的人生智慧，也是生活中共同的記憶。神話的起源通常來自於古代民眾對於自然現象的不瞭解，在恐懼或好奇的情況下，將這些人力無法掌控的力量給予擬人化，認為宇宙萬物都有各自掌管的神，這些神與神、神與人彼此互動的想像，經過口耳相傳，就形成了神話故事。神話也包含人類對現實世界的投射，因此眾神間也會嫉妒、報復與彼此爭戰。

華人世界也有一部如同希臘神話般精彩刺激的神話故事《封神榜》。由六百多年前明朝的陳仲琳所寫，以姜子牙輔佐周文王、周武王討伐商朝紂王為歷史背景，故事包含了大量的民間傳說和神話，書中有許許多多長生不老的仙和死後受封為神的人物，都是我們在生活中或是民俗慶典中經常看得到的，比如哪吒三太子、玉皇大帝……等。

在華人世界流傳的其他神話，還有盤古開天、女媧補天造人、夸父追日、后羿射日、嫦娥奔月、牛郎織女……只是這些傳說逐漸淡出我們的生活，一群人圍坐在老榕樹下聽爺爺奶奶說故事的情景，在現代已經很少見了，許多屬於民族的共同記憶慢慢在消失中，這是非常可惜的。

看《告白》談青少年的幽暗心理與叛逆

《告白》這本書，讓我們重新看到青少年幽微的心情，
提醒父母要用更大的耐心與寬容，
去引導孩子度過這個身心成長的風暴期。

《告白》這本書在日本獲得多項大獎，暢銷之餘也引起不少迴響，我想這是因為故事相當貼近當代日本社會的現狀與憂慮：「那些層出不窮的青少年暴力事件甚至看似冷血殘酷的謀殺，究竟是怎麼一回事？」

故事是一個國中老師的復仇過程，對象是兩個殺了她讀幼稚園女兒的國一學生。作者透過幾個當事人第一人稱的自白口吻，深刻描繪出許多大人無法理解的青少年心情。雖然每個大人都曾年輕過，但長大成人後卻都忘了當年的徬徨與掙扎。

書中兩個殺人的學生，以及最後被殺的同班班長，三個人的成長背景不同，親子互動不同，在班上的學習表現與人際關係也不同，卻同樣面對青少年期成長的共同困境。

事件主要的關鍵人物，是個單親家庭的天才青少年，小時候被追求專業生涯的媽媽拋棄後，內心的空洞形成了行為偏差的根源，不論對錯好壞，就是想做些引起社會轟動的事件來吸引媽媽的注意力。有許多研究報告的確發現，孩童期如果沒有正面的被愛經驗，容易在青少年期以「犯罪行為」來彌補童年失落的「被珍視與被疼惜」的經驗，比如結黨結派，追求所謂的義氣，以及共患難同生死，追隨老大以尋求認同。

另外兩個同學，一個是普普通通的男生，一個是品學兼優的女生，都來自正常家庭，卻都有令大人訝異的行為。我想，這是所有青少年成長期中共有的叛逆吧！

青少年是從受父母百分之百照護下的兒童，跨到獨立自主的成年人的過渡時期，他們渴望脫離家庭，卻又害怕；在身體的快速成長中，有許多狀況是他們自己不瞭解也無法掌控的。比如，負責理性思考的大腦前額葉尚未發育完成，往往由負責情緒活動的杏仁核來掌握行為表現，因此，在理智上青少年知道打人、飆車、吸毒不好，但是杏仁核驅使他們去做，並獲得情緒上的立即滿足。

這個階段的青少年也正是追求生命意義、同儕認定的階段，急著釐清「我是誰？」「我的價值是什麼？」在尋找自我時，特別討厭父母老是用小時候的他來為自己定位。好辯頂嘴、挑剔唱反調、討厭偽善、挑戰權威是這個「叛逆期」的象徵。家長若不瞭解孩子內心的徬徨，只會震驚地懷疑：「我的孩子怎麼會變成這樣?!」然後傷心地回想孩子小時候有多乖，其實是無濟於事的。

當孩子情緒不穩定時，若是家長沒有發覺異狀，仍然採取高壓的管教方式，親子的衝突只會愈演愈烈。這時候父母應該要調整自己的心情，不再當個無微不至的管理者，與其想爭回孩子的掌控權，不如轉換角色成為顧問，孩子雖然不想被大人限制，但還是需要一些意見指導。

所謂「顧問」，就是當「客戶」（孩子）準備好，並且確定他們想聽時，才發表意見。因為父母與子女對於「需要」的認知不太相同，往往家長認為只是好意地提醒，孩子卻會覺得不受尊重，甚至視為「魔掌伸到我的勢力範圍」，立刻暴怒而發飆反抗。

這個階段的孩子，在父母的眼中，的確是非常「難搞」的，因為他們要求擁有自由，卻無法承擔責任與後果，主觀的意識很強，卻沒有完整的思考判斷能力。他們強烈宣示對自己身體與活動的所有權，想要從事成年人可以做的事，可是這些活動卻是他們很少或完全沒有經驗的，因此往往會落入眼高手低的處境。或許家長在動怒責罵之前，先要體貼地想到，其實孩子是處在畏懼和不確定的混亂中，卻以外表的虛張聲勢來掩飾。

在這個時代，我們會認為孩子成長在物質富裕的社會中，要什麼有什麼，已經太好命了，哪來這麼多問題。表面上，這個世代雖然有手機、網路，有更好的教育機會，更多的自由，簡直充滿各種可能性；可是，這個世代也面臨全球化的高度競爭，以及不確定的未來，各種有形無形的壓力非常大，當他們不知道該如何抒解時，就會加重各種精神與情緒上的障礙。

調查統計顯示，青少年罹患重度憂鬱症的人數有百分之八．六六，換句話說，每十二個人裡就有一個人受到憂鬱症的折磨。最近臺灣有個調查，發現三個中學生就有一個想過自殺，而每四個就有一個會採取行動，自我傷害。事實上，這些年來青少年的第二大死因就是自殺，遠遠超過其他疾病。

研究顯示，青少年的憂鬱症不僅會自傷，更會傷人，想要與世界一同毀滅，像小說中最後的結局一樣，也正如各個國家都陸續發生的校園集體屠殺事件一樣。

從《告白》扣人心弦的情節裡，讓我們重新看到青少年幽微的心情，提醒我們生命有一定的歷程，父母要用更大的耐心與寬容，去引導孩子度過這個身心成長的風暴期。

曼德拉《打不倒的勇者》的啟示

南非的樞機主教稱讚曼德拉進行了一場全新形式的革命運動，在這樣的革命裡，敵人不必被殲滅，而是被接納；不是被孤立，而是團結。

前一陣子有一部電影《打不倒的勇者》，上映後我特別詢問了不少朋友，好像沒有多少人注意到這部影片與同名原著，實在是非常可惜。

這部電影描述南非民主運動領袖曼德拉，被關了二十多年，一九九〇年獲釋，一九九四年當選南非第一次不分種族的民主選舉的總統。他利用一九九五年在南非舉辦的世界盃橄欖球賽，化解南非長期以來非常嚴重的種族對立和衝突，並且成功地凝聚了全國民心的動人故事。

南非百分之九十以上都是黑人，長期以來卻被少數的白人所統治，而且實施歧視且壓迫黑人的種族隔離政策，包括黑人沒有投票權。這種極度違反人權的做法，使世界各國採取各種方法抵制孤立南非，在南非國內各地也不時發生各種暴亂，在曼德拉當選總統前後，內戰仍有隨時引發的可能。

曼德拉當上總統後，還是有數以百萬計的黑人想要復仇而不想和解，對於好幾代以來被剝奪各種權利和受盡壓迫的黑人來說，要求他們忘掉屈辱，原諒白人，的確是很難做到的事。過去高高在上、不可一世但人數遠比黑人少的白人，當然會心生恐懼了，部分激進派的白人也積極武裝自己，大規模的對抗似乎一觸即發。

因此，曼德拉當選後，首要之務就是找個共同願景將白人與黑人團結起來。他很聰明地以運動比賽來幫助彼此的和解。長久以來，南非橄欖球國家代表隊的跳羚隊一直是白人優越主義的象徵，自然也被黑人與黑人民主運動人士視為眼中釘。

曼德拉發揮了高度的政治智慧與技巧，支持橄欖球隊並爭取世界冠軍賽在南非舉行，隨著南非民眾不分黑白同聲為跳羚隊加油，他也成功地讓所有南非人感覺到無論是黑人或白人，都是同一個國家的人民。南非的樞機主教稱讚曼德拉進行了一場全新形式的革命運動，因為在這樣的革命裡，敵人不必被殲滅，而是被接納；不是被孤立，而是團結。

形容曼德拉為「打不倒的勇者」，是指他一生受盡挫折，在監牢被關了二十多年，出獄後也得面對許多艱難的挑戰，但是他始終以微笑來面對，因此大多數人讚美曼德拉是勇氣的化身。曼德拉自己卻認為，勇氣並不是與生俱來的，也不是從課堂上學習來的，而是自己「選擇」成為的方式。他認為沒有人天生勇敢，它就在我們如何應對不同情況的方式中。

他很坦白地承認，很多時候他也會非常害怕，他覺得勇敢不是無所畏懼，而是要學會克服恐懼，假裝自己很勇敢，不讓恐懼打敗自己。

曼德拉的這一番話，很值得深思。的確，有時候我們只有假裝勇敢，才能發現勇氣，而且往往事後會發現，那個勇敢的門面就是真的勇氣。

這個道理看似奇怪，事實上確是如此。這是我從曼德拉身上得到最大的收穫。

另外一個啟示是南非的種族問題。我們知道在人類的歷史上，種族對抗，彼此歧視以及透過政治軍事彼此壓迫已有數千年的歷史，在文明大步進展的這幾百年，也一直存在殖民主義的現況，這個問題不可能在短時間內解決。如何以更高的智慧，更大的耐心與努力來展現彼此的尊重與包容，也是住在臺灣的不同種族共同的課題，我們的孩子從小學習母語、國語，甚至英語，都是瞭解其他種族文化的基本準備。此外，視野能放大，看看世界上其他國家的努力也很重要。

現在是全球化的世界，地球早已像是地球村般的緊密關係，要和不同民族的人合作與交朋友，就得尊重他們的文化習慣，盡可能體會他們的心情，看小說或電影是最好的方法了。

尋找自己的紀念日

我們的學生時代世界變化沒有這麼快，社會的氛圍雖然封閉局限，卻是個理想正在燃燒的年代，談到未來，哪一個人的眼中不是閃閃發光？。

舊的一年已近尾聲，即將邁向新的一年，趁著雙胞胎女兒AB寶做完功課準備就寢的空檔，我問她們：「你們有什麼新年新希望？」這是因為想到學生時代每到新年或開學時，老師總會出「我的志願」、「新年新希望」之類的作文題目。

只見B寶有點毒舌派地回答：「什麼時代了，沒有人會去想這個問題，老師也不可能出這種題目的啦！」

倒是A寶指指還放在她桌上的《大江大海一九四九》問說：「是不是每逢九都會發生什麼大事？除了龍應台這本書寫的是六十年前的歷史，最近才上映的電影《胡士托風波》，好像是在一九六九年發生的，距離現在四十年。」

媽媽在旁邊聽到我們的對話，也插進來：「好像是耶！二十年前，一九八九年歐洲也發生一件驚天動地的大事件，那時候我與爸爸剛結婚，也湊熱鬧地趕到歐洲的德國柏林，去看被拆掉的柏林圍牆。」

我想起龍應台描寫二次大戰後國共戰爭歷史的《大江大海一九四九》，我買來還沒有看完，就被A寶拿去看，看完推薦給B寶，兩人對那段歷史很好奇。從外婆那裡知道已過世的外公也是在一九四九年來到臺灣，A寶在週記上寫下這麼一段感性的描述：

碼頭上，站著一位男孩，看著一艘又一艘的船開走。那男孩望著遠離的船，出了神。時間是一九四九年的秋天，在那紛亂的年代，任何小小的決定，都會影響一生。風，颯颯，無情地吹著少年的臉龐。而那正值弱冠的少年，正是外公。

爸媽是龍應台的書迷，受到爸媽的影響，我也喜歡龍應台犀利卻溫暖的文字。剛出版的《大江大海一九四九》，成了家中熱門的話題，也意外地譜出與我們有關的一九四九。

泛黃的信上，密密麻麻瀟灑的字跡，記載著刻骨銘心的記憶。外公為護送他的姊姊和四個年幼的姪子逃到臺灣，種種險象環生、動人、感恩的故事在字裡行間中幽幽訴說。外公的姊夫，如何與他們再度相遇奇蹟的經過，在斑駁的紙上一幕幕重現……

數不盡的淚水、說不完的故事、無法說出的心酸痛楚，都在一九四九年發生。生活在當時的人們不論是國軍、共軍還是日本軍，不論是原住民、本省人還是外省人，都各有自己感人的故事。

B寶聽完外公當年如何逃難到臺灣的故事，也寫下她的心得：

一九四九，湛藍的天空在戰火的摧殘下，已經不再清澈；和平的世界在人們互相殘害時，已經失去她的美麗。明天，還能繼續眨著眼睛，看著耀眼的太陽嗎？

每個人都在玩大富翁，拿生命下注。對日抗戰期間，外公為了躲避火車上日本軍的盤查，以免被捉去當軍伕，幸運地未搭上死亡列車，因為火車才駛離不久，便傳出被炸毀的消息，之後幾番的死裡逃生，以及貴人相助，才有現在的我們。

誰都不知道哪一班火車會爆炸，也都不知道下一步棋，將會帶領自己步入鬼門關還是覓得桃源好避秦。那時候的每件小事，都可能成為生命重大的轉折。每位長者都有著驚心動魄的經歷，對於生長在優渥富足環境下的我們，這些簡直是不可思議的冒險傳奇故事。

通常我會把握社會事件與學校課程，對孩子做些機會教育與延伸閱讀，比如這幾個假日就看了描述猶太集中營的《美麗人生》，以及德國大學生反抗希特勒的白玫瑰事件所改編成的電影《帝國大審判》，讓她們從單一新聞議題延伸到整個時代背景，用不同的視角看歷史事件。

我接著問她們：「柏林圍牆的倒塌與稍早發生在一九八九年的天安門事件有沒有關係？」「胡士托音樂節與稍後幾年臺灣的民歌風潮是不是有關聯？」

B寶恍然大悟地說：「我知道了，我們讀小學時，你們一群大人去看國父紀念館的民歌三十年演唱會，每個人都好興奮，就像許多人寫文章懷念胡士托音樂節一樣，因為那是屬於你們年輕時代流行的東西！」

的確，我們的學生時代世界變化沒有這麼快，社會的氛圍雖然封閉局限，卻是個理想正在燃燒的年代，談到未來，哪一個人的眼中不是閃閃發光？

當我心神飄盪在一九七五年楊弦在中山堂的第一場演唱會時，AB寶已經盥洗完畢，準備上床了。我追著問：「三十多年前，一九七九年美麗島事件對臺灣有什麼影響？一百五十多年前，一八五九年達爾文提出《物種起源》對世界有什麼影響？」

媽媽趕忙把我拉出孩子的房間，提醒我：「可憐的國中生明天學校還有一大堆考卷要寫，就讓她們睡覺吧，要討論，放假再說！」

綠蠹魚叢書 YLK22

教養，無所不在

國家圖書館出版品預行編目資料

教養，無所不在／李偉文 著
--初版. --臺北市：遠流，2011.09
面； 公分.--（綠蠹魚；YLK22）
ISBN 978-957-32-6845-1（平裝）
1. 親職教育 2. 親子關係
528.2 100016087

作者／李偉文
封面暨內頁照片攝影／王竹君
出版四部總監／曾文娟
資深副主編／李麗玲
企劃經理／楊金燕
封面暨內頁設計／江孟達工作室

發行人／王榮文
出版發行／遠流出版事業股份有限公司
地址／臺北市 100 南昌路 2 段 81 號 6 樓
電話／2392-6899 傳真／2392-6658
郵撥／0189456-1

著作權顧問／蕭雄淋律師
輸出印刷／中原造像股份有限公司
2011年 9 月 1 日 初版一刷
2016年12月16日 初版八刷
售價新台幣 290 元（缺頁或破損的書，請寄回更換）

ISBN 978-957-32-6845-1
YLib 遠流博識網
http://www.ylib.com E-mail ylib@ylib.com